Kalte Platten

Kalte Platten

herausgegeben von Elke Blome

Bassermann

In diesem Buch verwendete Abkürzungen:

TL	=	Teelöffel
EL	=	Eßlöffel
P.	=	Paket, Päckchen
Msp.	=	Messerspitze
TK	=	Tiefkühlkost

Verlag und Herausgeberin danken den Firmen CMA, Fischwirtschaftliches Marketinginstitut, Florida Pink Grapefruit, Info Bananen, Langnese-Iglo GmbH, Rama und Thomy für ihre freundliche Unterstützung.

ISBN 3 8094 1367 4

Fotos: CMA, Bonn: Seite 4/5, 13; Fischwirtschaftliches Marketinginstitut, Bremerhaven: Seite 54; Florida Pink Grapefruit: Seite 16/17, 24; Info Bananen: Seite 20; Langnese-Iglo GmbH, Hamburg: Seite 38; Rama: Seite 19, 52; Thomy: 27, 31; Archiv: alle übrigen Fotos.
Redaktion: Herta Winkler
Herstellung: JUNG MEDIENPARTNER, Niedernhausen/Ts.

Satz: FROMM MediaDesign, Selters/Ts.
Druck: Mladinska knjiga Tiskarna, Ljubljana

298310195X817 2635 4453

Inhaltsverzeichnis

Heiße Tips für kalte Platten

Kalte Platten können auf verschiedene Arten zubereitet werden, und jeder Gast wird sofort erkennen, ob die Gastgeberin (oder der Gastgeber) nur schnell die kümmerlichen Zutaten auf die Platten verteilt hat, die sie (oder er) gerade noch zur Hand hatte, oder ob die Platten überlegt und liebevoll angerichtet wurden. Da die Zubereitung kalter Platten recht aufwendig ist, sollten Sie die Vorbereitung genau planen und einteilen. Nur so können Sie das Fest im Kreis Ihrer Gäste völlig entspannt genießen. Viele Gerichte müssen vorher gekocht werden, sie müssen auskühlen oder auch mariniert werden. All das sind Arbeiten, die Sie bereits ein oder zwei Tage vorher erledigen können. Die Platten belegen und garnieren sollten Sie so spät wie möglich, damit alles appetitlich und frisch aussieht. Decken Sie die Platten locker mit Frischhaltefolie ab, die erst kurz vor dem Servieren entfernt wird.

Das richtige Handwerkszeug

Schüsseln, Töpfe, Siebe, Toaster und eine Küchenmaschine mit Rührbesen und Schnitzelwerk werden sicher in nahezu jedem Haushalt vorhanden sein. Einen Fleischwolf, der für die Zubereitung von Pasteten und Terrinen gebraucht wird, findet man schon seltener. Bei vielen Küchenmaschinen wird er als Zusatzgerät angeboten. Pasteten- und Terrinenformen gibt es in verschiedenen Ausführungen und Größen im Handel, man kann aber auch durchaus eine Kastenform, wie sie zum Kuchenbacken gebraucht wird, benutzen.
Da bei kalten Platten sehr viel geschnitten und dekoriert wird, finden die folgenden kleinen Geräte häufige Verwendung.

Messer

Legen Sie bei Messern großen Wert darauf, daß sie aus rostfreiem, gehärtetem Stahl geschmiedet sind. Der Griff muß gut in der Hand liegen und kann aus Kunststoff oder aus Holz sein. Bei Schälern sollten Sie darauf achten, daß sie aus rostfreiem Stahl sind, andernfalls rosten sie sehr schnell und werden stumpf. Sowohl kleine als auch große Löffel sind sicher schon vorhanden; nehmen Sie zum Bearbeiten von Lebensmitteln aber nie Silberlöffel, denn sie verfärben manchmal das Obst oder Gemüse. Auch Plastiklöffel sind wenig geeignet, da sie leicht brechen.
Großes Küchenmesser zum Schneiden von Fleisch und großen Früchten, zum Beispiel einer Ananas oder eines Kürbisses
Küchenmesser oder kleines Schlagmesser zum Schneiden von Gurken und Zucchini, zum Zerteilen von Zitrusfrüchten, zum Schälen größerer Früchte, zum Schneiden von Wurzel-, Frucht- und Knollengemüse, zum Schneiden von Kuvertüre
Officemesser zum Schälen von Wurzel- und Knollengemüse, zum Putzen von Gemüse, zum Aushöhlen von Paprikaschoten, zum Schälen von Orangen, für Zierschnitte an Obst und Gemüse
Buntmesser für Dekorationsschnitte (Wellenschnitte), zum Beispiel an Karotten, Salatgurken, Butter und Käse
Kanneliermesser zum Abziehen von Schalen- oder Fruchtfleischstreifen, zum Beispiel von Gurken, Zitrusfrüchten, Radieschen und Möhren

Von oben nach unten: Großes Küchenmesser, kleines Küchenmesser, Sägezahnmesser, Kanneliermesser, verschiedene Ausstecher

Grapefruitmesser zum Herauslösen des Fruchtfleisches aus Grapefruit- oder aus Ananashälften sowie zum Abschneiden des Fruchtfleisches von der Schale bei Melonenspalten
Sparschäler zum Schälen von Spargel und Staudensellerie, aber auch zum Schälen von Kernobst, Kartoffeln, Kiwis und Avocados

Ausstecher

Mit Hilfe von Ausstechern lassen sich zum Beispiel gleichmäßige Fruchtfleischkugeln herauslösen oder Formen wie Herzen oder Blumen ausstechen. Man erhält sie in Haushaltsfachgeschäften.
Kugelausstecher zum Herauslösen größerer Kugeln oder Halbkugeln, zum Beispiel aus Melone, Karotten, Gurken, Kürbis und Butter, zum Aushöhlen einer Kirschtomate
Perlausstecher zum Herauslösen von winzigen Kugeln, zum Beispiel aus Karotten, Gurken, Melone und Sellerie
Olivenausstecher zum Herauslösen von ovalen Stückchen aus Gemüse
Apfelausstecher zum Ausstechen des Kerngehäuses aus ganzen Äpfeln, zur Herstellung von Kartoffelpilzen
Runde Ausstecher mit glattem oder gewelltem Rand: Kleine, glatte Ausstecher zum Ausstechen des Strunks aus Ananasscheiben oder des Kerngehäuses aus Apfelscheiben.

Große, glatte oder gewellte Ausstecher zum Entfernen von Schalen an Obstscheiben, zum Ausstechen aus Zitrusfruchtscheiben, zum Ausstechen von Kreisen aus Brot- oder Butterscheiben

Kleine Formausstecher zum Ausstechen von Motiven aus Knollen- und Wurzelgemüsescheiben, Paprikaschoten, gekochtem Eiweiß, Aspik, Butter, Marzipan oder Kuvertüre.

Besondere Geräte

Hier finden sich unterschiedliche Geräte, die man meist nur für wenige Garnituren oder Herstellungstechniken benötigt.

Eischeibenschneider zum Zerteilen eines Eis in feine Scheiben und zur Herstellung von kleinen Eiwürfeln

Eisechstelschneider zum Zerteilen eines Eis in Sechstel

Apfelteiler zum Zerteilen eines Apfels in gleichmäßige Spalten, wobei das Kerngehäuse gleich mit ausgestochen wird

Spritzbeutel mit diversen Tüllen zum Herstellen von Garnituren aus verschiedenen Massen, wie zum Beispiel aus Brandteig, aus Buttercreme oder Sahne, aus Butter (Butterrose) oder aus diversen Cremes. Je nach Art der Tülle erhält man unterschiedliche Formen:

Lochtülle für glatte Formen, **Sterntülle** für gewellte Formen und **Flachtülle** für breite Streifen, für eine Butterrose

Platten

Sicher werden Sie in Ihrem Haushalt einige Platten haben. Sie können sich auch mit großen Tellern behelfen oder mit Tabletts, die Sie mit Alufolie oder Papierdeckchen auslegen. Deckchen und andere Auflagen können Sie in verschiedenen Größen und Formen kaufen. Die gebräuchlichsten Platten sind aus Cromargan, Silber, Porzellan und Stein. Achten Sie darauf, daß Sie beim Anrichten der Waren auch die entsprechende Platte verwenden, einen Hummer sollte man beispielsweise nie auf einer rustikalen Holzscheibe dekorieren.

Verschiedene Platten

Rund ums kalte Buffet

Wenn Sie ein kaltes Buffet planen, beginnen Sie rechtzeitig mit der Vorbereitung, am besten, Sie stellen sich eine Checkliste auf:
Zu welchem Anlaß wollen Sie einladen?
Soll es ein rustikales oder ein festliches Buffet werden?
Wo wollen Sie feiern – in der Wohnung oder im Garten?
Wie viele Personen wollen Sie einladen?
Haben Sie einen passenden langen Tisch, genügend Besteck, Geschirr und Gläser?
Die nächste Überlegung gilt den Gerichten. Sie sollten immer eine Auswahl an Fisch, Fleisch und Käse anbieten. Ergänzen können Sie diese durch Gemüseplatten, Salate und Obst. Butter und verschiedene Brot- und Brötchensorten gehören auf jeden Fall dazu. Ein Dessert als Abschluß wird immer gern genommen.

Der Aufbau des Buffets

Die Größe des Buffettisches richtet sich nach der Menge der Platten. Auf jeden Fall sollte so viel Platz sein, daß zwischen den Platten etwas Raum ist, damit diese richtig zur Geltung kommen.
Mit Hilfe von festen Kartons oder leeren Bierkästen, die Sie unter das Tischtuch stellen, können Sie Stufen einbauen, die das Buffet optisch auflockern.
Die Platten werden in der üblichen Speisenfolge angeordnet: zuerst kommen Vorspeisen und Fisch, danach Fleisch, Wurst und Schinken, Gemüse, Salate und Käse, zum Schluß die Desserts.
Ob Sie das Buffet von links oder rechts beginnen lassen, hängt von den Räumlichkeiten ab. Auf jeden Fall gehören die Teller an den Anfang, Besteck und Servietten an das Ende. Teller und Besteck sollten Sie in zwei- bis dreifacher Menge bereitstellen, denn nicht jeder ißt alle Speisen vom gleichen Teller!
Brot, Brötchen und Butter können Sie auch auf einem Beistelltisch bereitstellen, falls auf dem Buffettisch kein Platz mehr ist. Ansonsten gehören sie ebenfalls an das Ende.
Für das gebrauchte Geschirr stellen Sie am besten einen Tisch oder Servierwagen bereit.

Teller, Gläser und Besteck können auf einem separaten Tisch abgestellt werden

Warenkunde und Einkaufstips

Qualität und Frische der Zutaten sind ausschlaggebend für die Güte Ihrer kalten Platten. Achten Sie also beim Einkauf von Fisch, Fleisch, Obst und Gemüse darauf, daß Sie wirklich nur frische Ware bekommen.

Kriterien für frische Fische: rote Kiemen und glänzende Haut

Fisch und Meeresfrüchte

Frischen Fisch erkennen Sie daran, daß die Augen noch klar und die Kiemen rot sind. Die Haut sollte glänzen, und das Fischfleisch muß sich fest anfühlen. Lassen Sie sich im Geschäft den Fisch so zubereiten, daß Sie ihn nur noch garen müssen.

Ganze Fische werden im Sud gegart. Dazu gibt man den Fisch in den kalten Fond und erhitzt ihn bis kurz vor dem Kochen. Danach nimmt man den Topf von der Kochplatte und läßt den Fisch im Fond abkühlen. Dadurch bleibt er saftig. Danach können Sie den Fisch in Alufolie verpackt bis zum Aufschneiden im Kühlschrank aufbewahren.

Bei Platten mit gekochtem Fisch sollten Sie die einzelnen Fischscheiben dünn mit Aspik überziehen, damit sie nicht austrocknen und ihren feinen Geschmack verlieren. Gut kombinieren läßt sich gekochter Fisch mit Garnelen oder Shrimps, die Sie küchenfertig frisch oder auch tiefgefroren kaufen können.

Geräucherte Fischwaren wie Makrelen, Schillerlocken, Forellenfilets oder Aal sollten auf Extraplatten angerichtet werden. Schneiden Sie sie dazu in etwa gleich große Portionen, das sieht auf der Platte harmonischer aus. Räucherlachs oder gebeizten Lachs lassen Sie sich am besten gleich im Geschäft schneiden, dort hat man das richtige Werkzeug, um die Scheiben gleichmäßig dünn zu schneiden.

Verschiedene Wurst- und Schinkensorten

Wurst und Schinken

Wurst- und Schinkenplatten sind schnell zubereitet und machen wenig Arbeit, da Sie beim Metzger bereits alles geschnitten bekommen. Kaufen Sie möglichst am gleichen Tag ein, an dem Sie die Platten servieren wollen. Lassen Sie die Scheiben ein wenig dicker schneiden, dann haben sie mehr Standfestigkeit und lassen sich auf der Platte besser auslegen. Parmaschinken, Bündner Fleisch oder Salami schmecken allerdings am besten, wenn sie hauchdünn geschnitten sind – auch das sollten Sie berücksichtigen.

Frisches Obst und Gemüse gibt es rund ums Jahr

Bei der Wurst werden drei große Gruppen unterschieden: **Kochwurst** wird vorwiegend aus Fleisch, Fett und Innereien hergestellt. Die bekanntesten Vertreter sind Leber- und Blutwurst, Sülzwürste und die verschiedenen Preßsacksorten. Kochwürste sollten im Kühlschrank aufbewahrt und innerhalb weniger Tage nach Einkauf verbraucht werden.

Als **Brühwürste** bezeichnet man alle Würste, die aus rohem Fleisch und Fett unter Zugabe von Gewürzen hergestellt werden. Sie werden nach dem Abfüllen in Natur- oder Kunstdärme gebrüht. Dazu gehören Fleischwurst, Mortadella, Bierwurst, Bierschinken, Lyoner, Gelbwurst und Wiener bzw. Frankfurter Würstchen. Brühwürste sind auch bei Lagerung im Kühlschrank nicht lange haltbar und sollten spätestens zwei Tage nach Einkauf verbraucht werden.

Rohwürste werden aus rohem Fleisch und kernigem Speck hergestellt. Man verwendet dabei das Fleisch älterer Tiere, da es trockener ist. Nach dem Abfüllen der Fleischmasse in Därme werden diese Würste durch Räuchern, Lufttrocknen oder Beizen haltbar gemacht. Zur Gruppe der Rohwürste gehören Salami, Cervelat, Schlackwurst, Knackwürste, Plockwurst und alle zahlreichen Abwandlungen der Debrecziner und Krakauer. Bis auf die streichfähige Tee- und Mettwurst sind diese Würste bei richtiger Lagerung wochenlang haltbar. Man bewahrt sie am besten im kühlen und luftigen Keller auf.

Schinken wird roh, gekocht, geräuchert und luftgetrocknet angeboten. Gut geeignet für Schinkenplatten sind die gekochten, gepökelten, kurz geräucherten Vorder- und Hinterschinken sowie die gekochten und geräucherten Stücke, die als Schwarzgeräuchertes bezeichnet werden. An rohen Schinken sind zu empfehlen: Schwarzwälder Schinken, westfälischer oder Holsteiner Katenschinken, Ardenner Schinken und Parmaschinken. Auch wenn sie keine echten Schinken sind, sollten Nußschinken, Kasseler, Lachsschinken und Bündner Fleisch an dieser Stelle noch erwähnt werden.

Fleisch

Bei Fleischplatten ist erstklassige Qualität ebenfalls sehr wichtig. **Schweinefleisch** sollte rosa und mit etwas Fett durchzogen sein, so bleibt es beim Braten saftig. **Rindfleisch** muß eine dunkelrote Farbe haben und gleichmäßig marmoriert sein. Gutes **Kalbfleisch** hat eine zartrosa Farbe und sollte wenig Fett aufweisen. Ob das **Lammfleisch** wirklich von jungen Tieren kommt, erkennen Sie an der lachsroten Farbe mit wenig Fettansatz.

Beim Braten des Fleisches sollten Sie den jeweils optimalen Garpunkt abpassen, damit das Fleisch saftig und zart bleibt. Ideal ist dafür ein Fleischthermometer, mit dem Sie den Garzustand messen können.

Damit die Scheiben beim Aufschneiden eine gleichmäßige Form haben, wickelt man das Fleisch vor dem Braten mit Küchengarn in die gewünschte Form. Nach dem Garen muß das Fleisch vor dem Anschneiden völlig auskühlen, damit der Saft im Fleisch bleibt. Am besten wird es bis zur Verwendung in Alufolie gewickelt und im Kühlschrank aufbewahrt. Zum Tranchieren nehmen Sie ein Messer mit einer dünnen und scharfen Klinge, halten den Braten mit der Rückseite der Gabel fest und schneiden das Fleisch quer zur Faser.

Falls Sie keine Möglichkeit oder Zeit haben, einen Braten selbst zuzubereiten, können Sie diesen auch beim Metzger bestellen.

Gemüse, Salat und Obst

Frische ist auch hier das A und O. Achten Sie beim Einkauf darauf, daß das Gemüse knackig frisch ist, der Salat keine welken Blätter und das Obst keine Druckstellen hat. Nehmen Sie bei Blattsalaten Sorten mit kräftigen Blättern wie Radicchio, Eisberg-, Batavia-, Frisée- und Endiviensalat, denn sie fallen nicht so schnell zusammen wie zum Beispiel Kopfsalat. Obst darf nicht unreif, aber auch nicht zu reif sein. Da Äpfel und Birnen nach dem Schälen sehr schnell braun werden, sollte man sie kurz in Zitronenwasser legen oder mit Zitronensaft beträufeln.
Gemüse wird in der Regel blanchiert, das heißt, daß das Gemüse je nach Beschaffenheit für einige Minuten in kochendes Salzwasser gegeben wird. Danach wird es mit eiskaltem Wasser abgeschreckt. Durch diesen Vorgang wird die frische Farbe erhalten. Auf jeden Fall sollte das Gemüse noch „Biß" haben.

Hartkäse, Schnittkäse und Weichkäse kombiniert auf einer Käseplatte

Käse

Von den vielen Käsesorten, die bei uns angeboten werden, sind für Käseplatten besonders alle Arten von Hart-, Schnitt- und Weichkäse geeignet.
Zum **Hartkäse,** der die längste Reifezeit aufweist, zählen die bekannten Sorten Provolone, Parmesan, Greyerzer, Emmentaler, Comté, Beaufort, Chester und Cheddar. Nach der Reifezeit, die bis zu zwei Jahren dauern kann, haben diese Käsesorten noch höchstens 56% Wasser in der fettfreien Käsemasse.
Beim **Schnittkäse** liegt der Wassergehalt bei 45 bis 63%, seine Lagerzeit ist wesentlich kürzer, daher ist er geschmeidiger als der Hartkäse. Bekannte Sorten sind Edamer, Gouda, Maribo, Maasdamer und Tilsiter.
Halbfester Schnittkäse ist weich und saftig, sein Wassergehalt reicht von 61 bis 69%. Zu dieser Gruppe gehören Bel Paese, Taleggio, Butterkäse, Trappistenkäse und Weißlacker. Hierzu zählen auch die Edelpilzsorten wie Gorgonzola, Roquefort, Bavaria Blue und Cambozola.
Weichkäse weisen eine Oberflächenflora auf – den Weißschimmel oder die Käserotflora. Sie haben einen Wassergehalt von 67 bis 73%. Die Reifung erfolgt durch besondere Bakterien von außen nach innen. Junger Weichkäse hat innen noch einen festen Kern, während der ausgereifte anfängt „zu laufen". Zum Weichkäse gehören Camembert, Brie, Bresso, Romadur, Limburger, Weinkäse und Saint-Albray.
Sauermilchkäse wird aus Sauermilch hergestellt und hat den gleichen Wassergehalt wie Weichkäse. Er schmeckt herzhaft aromatisch und hat den geringsten Fettgehalt. Bekannte Marken sind Harzer, Mainzer Handkäse und Korbkäse.
Bewahren Sie Käse möglichst getrennt von anderen Lebensmitteln auf: am besten in Pergamentpapier verpackt an einem kühlen Ort oder im Gemüsefach des Kühlschranks. Da Käse sein volles Aroma erst bei Zimmertemperatur entwickelt, können Sie Käseplatten schon einige Stunden vor dem Servieren zubereiten. Vergessen Sie aber nicht, den Käse mit Frischhaltefolie abzudecken, damit er nicht austrocknet.

Das Belegen kalter Platten

Wie Sie die Platten belegen, hängt von den verwendeten Lebensmitteln und von der Plattenform ab. Folgendes sollten Sie auf jeden Fall beachten:

- Belegen Sie die Platten nicht zu üppig, denn das wirkt überladen und unattraktiv.
- Die Garnituren müssen auf die Hauptspeisen abgestimmt sein, beides soll miteinander gegessen werden können.
- Alles, was sich auf den Platten befindet, sollte eßbar sein, also keine Bänder oder ähnliche Verzierungen verwenden!

Geradlinige Anrichteweise mit rechtwinkligem Aufbau

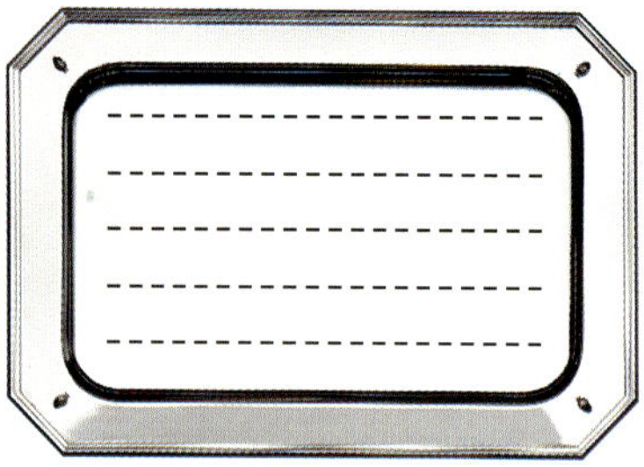

Symmetrische Anrichteweise mit Blickfang in der Mitte

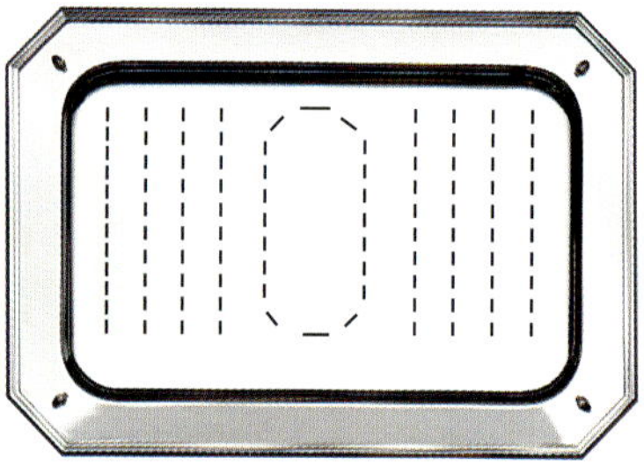

V-förmige Anrichteweise

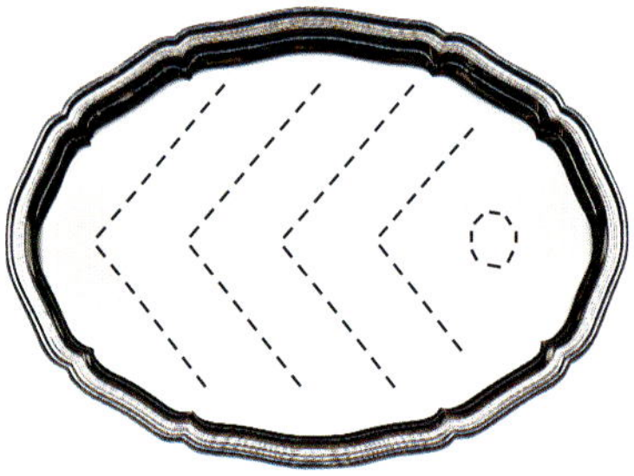

Asymmetrische V-förmige Anrichteweise mit Blickfang in einer Ecke

- Bei einer kleinen Anzahl von Gästen sollte auf jeder Platte für jeden Gast ein Stück eines Gerichtes vorhanden sein.

Damit das Belegen für Sie zu einer leichten Übung wird, sind auf den folgenden Bildern die wichtigsten Arten des Rollens, Faltens und Legens dargestellt.

Vorschlag 1
Ganze Scheiben exakt in gleichem Abstand legen.

Vorschlag 2
Ganze Scheiben zu ⅓ nach unten einschlagen und exakt übereinanderlegen.

Vorschlag 3
Ganze Scheiben zur Hälfte übereinanderschlagen und versetzt aufeinanderlegen.

Vorschlag 4
Ganze Scheiben einmal leicht zusammenschieben, damit in der Mitte eine Erhöhung entsteht. Die nächsten Scheiben exakt darüberlegen.

Vorschlag 5
Ganze Scheiben gleichmäßig zusammenrollen. Diese Art des Rollens eignet sich auch für Füllungen.

Vorschlag 6
Ganze Scheiben werden konisch zusammengerollt: besonders geeignet für rohen und gekochten Schinken.

Vorschlag 7
Beim Falten von Tütchen wird ⅓ einer Scheibe nach hinten umgelegt und anschließend das Ganze nach vorne zusammengedreht.

Vorschlag 8
Hütchen werden hauptsächlich aus Rohwurstscheiben gefaltet. Dabei eine Scheibe bis zur Mitte hin einschneiden und zusammendrehen.

Vorschlag 9
Zu einer Blüte gefaltet werden die rohen Schinkenscheiben. Dabei eine Scheibe von beiden Seiten her mehrmals falten und anschließend nach vorne zusammendrehen.

Vorschlag 10
Das Röschen wird ebenfalls mit rohem Schinken hergestellt. Meist aus Bündnerfleisch oder Lachsschinken. Dabei zuerst ein gleichmäßiges Röhrchen formen, dieses wird anschließend mit zwei weiteren Scheiben locker umlegt. Die letzte Scheibe wird dann leicht nach außen umgeknickt.

Vorschlag 1

Vorschlag 2

Vorschlag 3

Vorschlag 4

Vorschlag 5

Vorschlag 6

Vorschlag 7

Vorschlag 8

Vorschlag 9

Vorschlag 10

Canapés, belegte Brote und Sandwiches

Feine Canapés schmecken sehr gut zu einem Glas Sekt oder einem Aperitif und bereichern daher jeden privaten oder geschäftlichen Empfang. Das Hauptmerkmal der Canapés ist eine kleine Scheibe Brot, auf der allerlei feine Cremes oder andere Zutaten dekorativ angerichtet werden.
Belegte Brote und Sandwiches, die meistens etwas deftiger ausfallen, passen dagegen zu allen weniger offiziellen Gelegenheiten: Zum vergnügten Abend bei Kartenspiel und Plaudereien, zum geselligen Dia- oder Fernsehabend oder auch zum fröhlichen Picknick im Garten.
Ob nun Canapé, belegtes Brot oder Sandwich, für alle drei gilt das gleiche: Bereiten Sie sie so spät wie möglich vor, damit sie noch frisch sind, wenn die Gäste kommen. Mit ein wenig Planung wird es Ihnen keine Schwierigkeiten bereiten, vor dem Eintreffen Ihres Besuchs fertig zu sein.

Lachscreme-Schnittchen „Creole“

Für 14 Stück

200 g geräucherter Lachs
100 g Frischkäse
1 EL Zitronensaft
2 EL Mineralwasser
7 Scheiben Toastbrot
1 Basilikumsträußchen
30 g gehackte Walnüsse
½ Bund Schnittlauch
7 Grapefruitfilets

1. Den Lachs mit dem Frischkäse, Zitronensaft und Mineralwasser mischen und pürieren.
2. Die Toastbrotscheiben entrinden, mit der Lachscreme bestreichen und in Dreiecke schneiden.
3. Die Hälfte der Schnittchen mit Basilikumblättchen und gehackten Walnüssen, die übrigen mit Schnittlauchröllchen und Grapefruitfilets garnieren.
(Foto Seite 16/17)

Canapés mit Lachsschinken und Gelee

Für 8 Stück

Für das Gelee:
1 Tasse trockenen Sherry
2 Blatt rote Gelatine

Außerdem:
8 Scheiben Weißbrot
80 g Butter
1 EL gehackte Kräuter
½ Salatgurke in Scheiben
300 g Lachsschinken
2 Mandarinen
einige Petersilienzweige
frisch geriebener Meerrettich

1. Den Sherry am besten einige Stunden vorher in einen Topf geben und leicht erhitzen.
2. Die gewässerte Gelatine darin auflösen, in ein entsprechendes Gefäß geben und im Kühlschrank erstarren lassen.
3. Aus dem Weißbrot 8 große runde Canapés ausstechen.
4. Die Butter mit den Kräutern verrühren, die Canapés gleichmäßig bestreichen und mit Salatgurkenscheiben belegen.
5. Den Lachsschinken darauf verteilen, mit Mandarinenfilets, Petersilie und dem frisch geriebenen Meerrettich garnieren.
6. Das Sherrygelee in kleine Würfel schneiden, auf den Canapés gleichmäßig verteilen und servieren.
(Foto Seite 18)

Partyhappen

Für 16 Stück

75 g Margarine
2 EL gehackte Kräuter
(Dill, Petersilie, Schnittlauch)
6 runde Vollkornbrotscheiben
2 Scheiben Toastbrot
6 runde Vollkorncracker
2 hartgekochte Eier
2 Scheiben Lachs
einige Salatblätter
100 g Räucheraalfilet
1 Scheibe roher Schinken
1 große Scheibe Mettwurst
60 g Camembert
3 Toastscheiben

Außerdem:
Dill
Kresse
Oliven
Silberzwiebeln
Chilischoten
Gurke
Tomate

1. Die Margarine mit den Kräutern verrühren und die Brote damit bestreichen. Das Toastbrot diagonal durchschneiden.
2. Die Vollkornbrotscheiben mit Eischeiben und Lachs, mit Salatblättern und Räucheraal belegen. Mit Dill, Silberzwiebeln und Olivenscheiben garnieren.
3. Die Toastbrote mit Eischeiben und Kresse, Schinken und Mettwurst belegen. Mit Chilischoten, Gurken- und Tomatenscheiben, Kresse und Gewürzgurkenstreifen garnieren.
4. Die Vollkorncracker mit Camembertscheiben und dem eventuell ausgestochenen Käse belegen und mit Tomate, Gurkenscheiben, Chilischoten und Silberzwiebeln garnieren.
5. Alle Brote auf einer oder zwei Platten anrichten.
(Foto Seite 19)

Roastbeef auf Sardellenbutter

Für 10 Portionen

- *½ Stange Lauch*
- *5 Sardellenfilets*
- *50 g Butter*
- *3 Scheiben Zwiebelbrot*
- *3 EL Mayonnaise*
- *1 EL gehackter Kerbel*
- *10 Scheiben Roastbeef*
- *¼ Kopf Bataviasalat*
- *1 geschälte und entkernte Tomate*
- *10 Kerbelzweige*

1. Die halbe Lauchstange waschen und in Salzwasser etwa 10 Minuten kochen. Anschließend kalt stellen. Die Sardellen sehr fein hacken und zusammen mit der Butter schaumig rühren.

2. Die Zwiebelbrotscheiben mit der Butter bestreichen und in 10 kleine Rechtecke schneiden.

3. Die Mayonnaise mit dem gehackten Kerbel mischen. Die Roastbeefscheiben damit bestreichen und einrollen. Die Salatblätter waschen.

4. Die Brotrechtecke nun mit Salat und den Roastbeefröllchen belegen. Den Lauch in Scheiben schneiden und die Canapés mit Lauchmedaillons, Tomatenecken und Kerbel garnieren.

Schinkentütchen mit Frischkäse

Für 10 Stück

150 g Frischkäse
1 EL gehackte Schalotten
2 EL Milch
½ TL Paprika
5 Scheiben Schinken
3 Scheiben Leinsamenbrot
30 g Butter
12 kleine Sauerampferblätter
2 dünne Ananasscheiben

1. Den Frischkäse mit den Schalotten, der Milch und dem Paprika mischen.
2. Die Schinkenscheiben halbieren, zu Tütchen drehen und die Frischkäsemasse bis auf einen kleinen Rest mit einem Spritzbeutel einfüllen.
3. Die Brotscheiben mit der Butter bestreichen und in kleine, spitze Dreiecke schneiden. Je ein Sauerampferblatt darauflegen und mit etwas Frischkäsemasse betupfen. Darauf die Schinkentütchen legen.
4. Die Ananasscheiben in kleine Stücke, die restlichen 2 Sauerampferblätter in Streifen schneiden und die Canapés mit den Ananasecken und den Streifen garnieren.
(Foto Seite 21: unten)

Bananen-Sechskorntaler

Für 8 Stück

1 mittelgroße Banane
20 g Butter
Salz
Zitronenpfeffer
etwas Zitronensaft
2 Scheiben Sechskornbrot
1 Staude Chicorée
8 Scheiben Bündnerfleisch
8 Blättchen Zitronenmelisse

1. Die Banane schälen und in 10 Scheiben schneiden.
2. Die beiden Endstücke mit der Butter, etwas Salz und Zitronenpfeffer zerdrücken. Die restlichen 8 Bananenscheiben mit Zitronensaft beträufeln.
3. Mit einem Ausstecher 8 Taler aus dem Brot ausstechen und diese mit der Bananenbutter bestreichen.
4. Vom Chicorée die Spitzen abschneiden und auf die Taler legen.
5. Das Bündnerfleisch zu Röschen zusammenrollen und so auf den Chicorée setzen, daß die Spitzen noch zu sehen sind.
6. Die Taler mit den Bananenscheiben belegen und mit je einem Blatt Zitronenmelisse garnieren.
(Foto Seite 20)

Lachsschinken auf Basilikumbutter

Für 10 Stück

50 g Butter
2 EL gehacktes Basilikum
½ zerdrückte Knoblauchzehe
Salz
frisch gemahlener Pfeffer
3 Scheiben Nußbrot
½ Kopf Radicchio
10 Scheiben Lachsschinken
5 gefüllte grüne Oliven
5 schwarze Oliven
10 Basilikumblätter

1. Die Butter mit dem Basilikum, dem Knoblauch, Salz und Pfeffer mischen.
2. Die Nußbrotscheiben mit der Butter bestreichen und zu 10 kleinen Rechtecken schneiden.
3. Die Radicchioblätter waschen, jeweils darauf verteilen und den gefalteten Lachsschinken darauflegen.
4. Die grünen und schwarzen Oliven in Scheiben schneiden und die Canapés mit den Olivenscheiben und je einem Basilikumblatt dekorativ garnieren.
(Foto Seite 21: oben rechts)

Tatarrondelle auf Graubrot

Für 10 Stück

1 Eigelb
2 EL gehackte Zwiebeln
1 gehacktes Cornichon
1 EL gehackte Kapern
2 gehackte Sardellenfilets
Salz
frisch gemahlener Pfeffer
1 TL Paprika
1 EL Öl
1 EL Cognac
250 g Tatar
3 Scheiben Graubrot
40 g Butter
10 Salatblättchen
5 Sardellenfilets
5 gefüllte Oliven

1. Das Eigelb mit den gehackten Zutaten mischen und mit Salz, Pfeffer und Paprika würzen.
2. Das Öl und den Cognac unterrühren. Das Tatar daruntermischen und nochmals abschmecken.
3. Aus dem Graubrot 10 Rondelle ausstechen und mit der Butter bestreichen. Die Salatblättchen waschen und jeweils darauflegen.
4. Das Tatar darauf anrichten und mit einem Messer ein Gittermuster eindrücken.
5. Die Sardellenfilets jeweils um die Oliven wickeln und dann halbieren. Die Olivenhälften auf das Tatar legen.
(Foto Seite 21: oben links)

Heilbutt auf Tomatenbutter

Für 10 Stück

- *2 geschälte und entkernte Tomaten*
- *1 EL gehackter Dill*
- *40 g Butter*
- *Salz*
- *frisch gemahlener Pfeffer*
- *4 Scheiben Sonnenblumenbrot*
- *¼ Kopfsalat*
- *200 g geräuchertes Heilbuttfilet*
- *10 Zweige Dill*

1. Eine der Tomaten pürieren und mit dem Dill und der Butter schaumig rühren. Mit Salz und Pfeffer würzen.
2. Die Brotscheiben mit der Tomatenbutter bestreichen und in 10 kleine Dreiecke schneiden.
3. Die Salatblätter waschen und jeweils eines darauf legen. Das Heilbuttfilet in dünne Scheiben schneiden und darauf anrichten.
4. Die andere Tomate in Ecken schneiden und die Canapés mit Tomatenecken und Dillzweigen garnieren.
(Foto Seite 22: rechts)

Heringsfilet auf Kartoffelscheibe

Für 10 Stück

- *10 Kartoffelscheiben, 1 cm dick*
- *2 EL Distelöl*
- *40 g Mayonnaise*
- *5 g Curry*
- *Salz*
- *frisch gemahlener Pfeffer*
- *2 Heringsfilets*
- *10 Radicchioblätter*
- *10 Orangenfilets*
- *10 Petersilienzweige*

1. Aus den Kartoffelscheiben 10 Rondelle ausstechen und in dem Distelöl auf beiden Seiten etwa 5 Minuten lang goldgelb braten, auskühlen lassen und abtupfen.
2. Die Mayonnaise mit Curry, Salz und Pfeffer würzen und einen Teil auf die Kartoffelscheiben streichen.
3. Die Heringsfilets in Stücke schneiden, die Radicchioblätter waschen und beides dekorativ auf die Kartoffelscheiben legen.
4. Auf das Heringsfilet einen Tupfer Currymayonnaise setzen und die Canapés mit jeweils einem Orangenfilet und der gewaschenen Petersilie garnieren.
(Foto Seite 22: links)

Thunfisch-Canapés

Für 6 Stück

- *3 Scheiben Toastbrot*
- *Butter zum Bestreichen*
- *Salz*
- *frisch gemahlener weißer Pfeffer*
- *160 g Thunfisch (Dose)*
- *4 EL Mayonnaise*
- *1 hartgekochtes Ei*
- *3 schwarze Oliven*
- *1 Dillzweig*

1. Aus jeder Toastbrotscheibe zwei runde Canapés ausstechen. Diese dünn mit Butter bestreichen und würzen.

2. Den Thunfisch mit der Mayonnaise im Mixer pürieren, mit Salz und Pfeffer würzen.
3. Das Ei schälen, mit dem Eischneider in Scheiben schneiden. Auf jedes Toastbrotcanapé eine Eischeibe legen und das Thunfischmus mit einer Spritztülle rosettenförmig darauf spritzen.
4. Jedes Canapé mit einer Olivenhälfte und mit etwas Dill garnieren.

Krevetten auf Kräuterbutter

Für 10 Stück

50 g Butter
3 EL gehackte Kräuter (Basilikum, Salbei, Thymian, Kerbel)
1 zerdrückte Knoblauchzehe
Salz, Pfeffer
1 Spritzer Worcestersauce
5 Scheiben Weißbrot
¼ Kopfsalat
150 g eingelegte Krevetten
1 Tomate
50 g Crème fraîche
10 Basilikumblättchen

1. Die Butter mit den Kräutern, dem Knoblauch, Salz, Pfeffer und Worcestersauce aufschlagen.
2. Aus den Brotscheiben jeweils 2 Kreise von 4 bis 5 cm Durchmesser ausstechen und mit der Butter bestreichen.
3. Darauf jeweils ein kleines Salatblatt legen und die abgetropften Krevetten darauf arrangieren
4. Die Tomate mit kochendem Wasser überbrühen, häuten, entkernen und das Fruchtfleisch in Ecken schneiden.
5. Die Canapés mit einem Tupfer Crème fraîche und einer Tomatenecke verzieren und jeweils ein Blättchen Basilikum daraufsetzen.
(Foto Seite 23: oben)

Räucherlachs auf Meerrettichbutter

Für 10 Stück

20 g geriebener Meerrettich
40 g Butter
Salz
Saft von ½ Zitrone
5 Scheiben Vollkornbrot
50 g Kapuzinerkresse
200 g Räucherlachs
½ Pfirsich

1. Den Meerrettich und die Butter schaumig rühren, mit etwas Salz und Zitronensaft würzen.
2. Aus dem Vollkornbrot mit einem runden Ausstecher von 4 bis 5 cm Durchmesser 10 Kreise ausstechen. Diese mit der Meerrettichbutter bestreichen und Kresseblätter darauflegen.
3. Den Lachs in Scheiben schneiden und diese zu Rosetten gedreht daraufsetzen. Den Pfirsich in Ecken schneiden und die Lachsrosetten mit den Pfirsichecken und jeweils einem Blatt Kapuzinerkresse garnieren.
(Foto Seite 23: unten)

Hi from
FLORIDA

Canapés mit Entenbrust

Für 6 Stück

3 Blatt Gelatine
100 ml Grapefruitsaft
2 cl Portwein
250 g Entenbrust (enthäutet)
2 EL Sojasauce
2 EL Grapefruitsaft
1 TL Honig
2 EL Sesamöl
1 EL Sesam
6 Grapefruitfilets
3 Scheiben Toastbrot
etwas Butter
einige Blätter Friséesalat

1. Die Gelatine 10 Minuten in kaltem Wasser einweichen.
2. Den Grapefruitsaft mit dem Portwein erhitzen und die ausgedrückte Gelatine dazugeben. So lange rühren, bis sich die Gelatine völlig aufgelöst hat. Danach kaltstellen, bis die Masse fest geworden ist. Für die Garnitur die Gelatine in Würfel schneiden.
3. Die Entenbrust in Sojasauce, Grapefruitsaft und Honig mindestens 30 Minuten marinieren.
4. Das Öl heiß werden lassen, die Entenbrust im Sesam wälzen und im Öl anbraten. Dann bei 200° C im vorgeheizten Backofen weitere 8 bis 10 Minuten braten. Danach auskühlen lassen.
5. Das Toastbrot mit Butter bestreichen, rund ausstechen und mit den gewaschenen Friséesalat-Blättern belegen.
6. Die Entenbrust in 12 Scheiben schneiden, die Toasts mit je 2 Scheiben belegen, mit Grapefruitfilets garnieren und die Gelatinewürfel darüberstreuen.
(Foto Seite 24: vierte Reihe von unten)

Camembert-Canapés

Für 6 Stück

100 g Camembert
50 g Butter
1 EL Grapefruitsaft
1 TL Paprikapulver
Salz
frisch gemahlener Pfeffer
3 ausgelöste Grapefruitfilets
6 runde ausgestochene Weißbrotscheiben
6 Blättchen Zitronenmelisse

1. Den Camembert mit der weichen Butter, dem Grapefruitsaft und Paprikapulver gut verrühren und mit Salz und Pfeffer abschmecken.
2. Die Masse in einen Spritzbeutel füllen, auf die Brotscheiben spritzen und mit je einer Hälfte Grapefruitfilet und einem Blättchen Zitronenmelisse garnieren.
(Foto Seite 24: dritte Reihe von unten)

Canapés mit getrüffelter Leberwurst

Für 6 Stück

100 g getrüffelte Kalbsleberwurst
50 g Butter
1 EL Grapefruitsaft
2 EL Portwein
6 runde ausgestochene Weißbrotscheiben
2 ausgelöste Grapefruitfilets

1. Die Leberwurst mit der Butter, dem Grapefruitsaft und dem Portwein verrühren.
2. Die Masse in einen Spritzbeutel füllen und auf die Weißbrottaler spritzen. Mit Grapefruitstückchen garnieren.
(Foto Seite 24: zweite Reihe von unten)

Mozzarellaschiffchen

Für 6 Stück

50 g Mozzarella
6 kleine Scheiben Parmaschinken
6 Blätter Basilikum
3 Grapefruitfilets
6 Pumpernickeltaler
etwas Butter

1. Den Mozzarella in 6 Würfel schneiden.
2. Mit Hilfe je eines Zahnstochers Mozzarella, Schinken, ein Basilikumblatt und eine Hälfte Grapefruitfilet aufspießen.
3. Die Pumpernickeltaler mit Butter bestreichen und je ein Spießchen daraufstecken.
(Foto Seite 24: rechts oben)

Canapés mit Avocado-Lachs-Creme

Für 6 Stück

100 g Avocadofruchtfleisch
50 g Räucherlachs
1 EL Frischkäse
1 EL Grapefruitsaft
Salz
frisch gemahlener Pfeffer
6 Pumpernickeltaler

1. Das Avocadofruchtfleisch mit der Hälfte des Lachses, dem Frischkäse und Grapefruitsaft pürieren und mit Salz und Pfeffer abschmecken.
2. Die Masse in einen Spritzbeutel füllen und auf die Pumpernickeltaler spritzen. Den restlichen Lachs in Streifen schneiden und die Canapés damit garnieren.
(Foto Seite 24: unterste Reihe)

Walnuß-Birnen-Knäcke

Für 4 Stück

- *4 große Blätter Kopfsalat*
- *4 Scheiben Sesamknäckebrot*
- *40 g Walnußhälften*
- *frisch gemahlener schwarzer Pfeffer*
- *¼ TL gemahlener Anis*
- *400 g körniger Frischkäse*
- *2 Birnen*
- *2 EL Zitronensaft*
- *4 TL eingelegte Preiselbeeren*

1. Die Salatblätter putzen, waschen und gut trockenschleudern. Anschließend auf die Knäckebrotscheiben verteilen.

2. Die Hälfte der Walnüsse fein hacken und zusammen mit Pfeffer und Anis unter den körnigen Frischkäse rühren. Die Käsemischung auf den Broten verteilen.

3. Die Birnen waschen, gründlich abreiben und vierteln. Die Kerngehäuse entfernen, das Fruchtfleisch in Spalten schneiden und sofort in Zitronensaft wenden, damit sie sich nicht verfärben. Die Birnenspalten dekorativ auf die Brote legen.

4. Jedes Brot mit einem Klecks Preiselbeeren und den restlichen Walnußhälften garnieren. Sofort servieren.

(Foto Seite 26: oben)

Schinken-Papaya-Sandwich

Für 4 Stück

- *1 Papaya*
- *1 TL Sherryessig*
- *4 Scheiben Toastbrot*
- *4 EL Mayonnaise*
- *1 EL Crème fraîche*
- *Salz*
- *1 Spritzer Tabasco*
- *1 TL gehackte Mandeln*
- *4 Scheiben roher Schinken*
- *frisch gemahlener schwarzer Pfeffer*

1. Die Papaya schälen, halbieren und die Kerne mit einem Löffel herauskratzen. Das Fruchtfleisch in dünne Spalten schneiden und mit dem Essig beträufelt durchziehen lassen.

2. Inzwischen die Brotscheiben entrinden, einzeln zwischen 2 Blätter Haushaltsfolie legen und mit dem Nudelholz dünn ausrollen, danach diagonal durchschneiden.

3. Die Mayonnaise und die Crème fraîche gut verrühren, mit Salz und Tabasco abschmecken und mit den Mandeln mischen. Die Brotscheiben damit bestreichen.

4. Den Schinken in etwa 2 cm breite Streifen schneiden. Die Hälfte der Brotscheiben erst mit dem Schinken, dann mit den Papayaspalten belegen und etwas Pfeffer darübermahlen.

5. Die anderen Brotscheiben mit der bestrichenen Seite nach unten darauf legen und leicht andrücken.

Dreistöckiges Sandwich

Für 4 Stück

- *100 g Debrecziner oder Salami*
- *200 g Sahnequark*
- *1 TL scharfer Senf*
- *1 EL Tomatenmark*
- *Salz, gemahlener schwarzer Pfeffer*
- *250 g weicher Camembert*

70 g weiche Butter
2 Bund Schnittlauch
1 TL Kümmel
je 2 gleich große Scheiben helles Bauernbrot, dunkles Bauernbrot und Pumpernickel
1 Kopf Radicchio

1. Die Debrecziner oder die Salami winzig klein würfeln. Mit dem Quark, Senf, Tomatenmark, Salz und Pfeffer verrühren und kräftig abschmecken.
2. Den Camembert mit der Butter glattrühren. 1 Bund Schnittlauch in feine Röllchen schneiden. Unter die Käsecreme rühren und diese dann mit Kümmel, Salz und Pfeffer abschmecken.
3. Die Brotscheiben jeweils halbieren und auf etwa die gleiche Größe zurechtschneiden.
4. Die hellen Bauernbrotscheiben mit dem Wurstquark bestreichen. Die dunklen Bauernbrotscheiben mit der Camembertmischung bestreichen, auf die hellen Brotscheiben legen und leicht andrücken. Abschließend die Pumpernickelscheiben obenauf legen.
5. Zum Servieren die Radicchioblätter waschen, gut trockenschleudern und auf Teller oder Bretter legen. Die Sandwichtürmchen darauf setzen, den restlichen Schnittlauch in längliche Stücke schneiden und die Sandwiches damit garnieren.
(Foto Seite 26: unten)

Sandwich „Carrée"

Für 4 Stück

4 Scheiben Vollkorntoast
1 Dose Thunfisch (150 g)
4 EL Remoulade (z. B. von Thomy)
Salz
frisch gemahlener Pfeffer
4 Salatblätter

1. Die Toastbrotscheiben goldbraun toasten und zu Dreiecken schneiden.
2. Den Thunfisch zerpflücken, mit der Remoulade mischen und mit Salz und Pfeffer abschmecken.
3. 4 Toastbrotdreiecke mit je einem Salatblatt belegen, die Thunfischmasse darauf verteilen und mit den anderen Toastbrotdreiecken bedecken.
(Foto Seite 27)

Mettbrote

Für 4 Stück

400 g Schweinemett
1 TL Salz
1 Knoblauchzehe
2 Zwiebeln
1 Gewürzgurke
½ Röhrchen Kapern
½ Bund Schnittlauch
½ Bund Petersilie
Salz
frisch gemahlener Pfeffer
1 Prise Cayennepfeffer
1 EL Paprikapulver
8 kleine Scheiben Roggenbrot
einige Gewürzgurkenscheiben
einige Kapern

1. Das Schweinemett mit dem Salz, der zerriebenen Knoblauchzehe, der feingehackten Zwiebel (etwas davon zurückbehalten) sowie der feingehackten Gewürzgurke in eine Schüssel geben.
2. Die Kapern mit dem feingeschnittenen Schnittlauch und der gehackten Petersilie zum Mett geben, alles zu einer kompakten Masse verarbeiten.
3. Die Masse mit Salz, Pfeffer, Cayennepfeffer und Paprikapulver kräftig abschmecken.
4. Das Zwiebelmett auf die Roggenbrote streichen und mit feingehackten Zwiebeln, Gewürzgurken und einigen Kapern verzieren.

Köstliche Vorspeisen und Cocktails

Ein festliches Menü beginnt mit einer Vorspeise, und auch Sie sollten auch Ihr kaltes Buffet so ausrichten, daß Ihre Gäste mit einem kleinen Hors d'œvre oder einem Cocktail beginnen können. Die folgenden Köstlichkeiten sind natürlich nicht nur für das kalte Buffet geeignet, sie können genausogut einzeln zu einem Cocktailempfang, zu einem Sektfrühstück oder einer anderen festlichen Gelegenheit gereicht werden. Vergessen Sie dann nicht, kleine Teller, Servietten und Besteck bereitzustellen.

Krabbenspieße

Für 4 Stück

400 g Krabben
100 g feines Schweinemett
1 Ei
4 EL Sahne
4 EL Mehl
1 Bund Dill
Salz, gemahlener weißer Pfeffer
1 EL unbehandelte geriebene Zitronenschale
1 Prise Zucker
2 cl Weinbrand
Fett zum Ausbacken

Außerdem:
Holzspießchen
exotische Früchte (Kiwi, Mango, usw.)

1. Die Krabben unter fließendem Wasser abwaschen, trockentupfen, einige beiseite legen und die restlichen durch die feine Scheibe des Fleischwolfes drehen.
2. Mit dem Schweinemett, Ei, Sahne und Mehl zu einer kompakten Masse verarbeiten.
3. Den feingehackten Dill unterziehen, mit Salz, Pfeffer, Zitronenschale, Zucker und Weinbrand abschmecken.
4. Zu Kugeln formen und im schwimmenden Fett ausbacken.
5. Mit den restlichen Krabben und mit den verschiedenen exotischen Früchten auf Holzspießchen stecken.

Paprikaschiffchen

Für 8 Stück

1 rote Paprikaschote
1 gelbe Paprikaschote
30 g geröstete Mandeln
1 kleine Stange Bleichsellerie (100 g)
1 Gewürzgurke
1 Kästchen Kresse
150 g Joghurt
1 TL Senf
4 EL Mayonnaise (z. B. von Thomy)
Salz
frisch gemahlener Pfeffer

1. Die Paprikaschoten waschen, in Viertel schneiden und dabei Stielansatz, Kerne und weiße Innenhäute entfernen.
2. Die Mandeln fein hakken, den gewaschenen und geputzten Sellerie und die Gewürzgurke in kleine Würfel schneiden.
3. Die Kresse mit einer Küchenschere abschneiden, säubern und etwas davon für die Garnitur zurücklegen.
4. Die restliche Kresse mit den Mandeln, Sellerie- und Gurkenwürfeln, Joghurt, Senf und Mayonnaise vermischen und mit Salz und Pfeffer abschmecken.
5. Die Paprikaschiffchen damit füllen und mit der zurückgelegten Kresse garnieren.
(Foto Seite 31: links)

Bunte Eierplatte

Für 16 Stück

8 hartgekochte Eier
4 EL Sahnejoghurt
4 EL Mayonnaise
2 EL Sardellenpaste
2 EL Eierlikör
1 EL mittelscharfer Senf
1 EL frisch gehackte Petersilie
2 cl Weinbrand

Außerdem:
2 Tomaten
1 Bund Petersilie
Kräuterzweige
Krabben
Weintrauben
1 Orange
Mixed Pickles

1. Die Eier pellen und halbieren.
2. Das Eigelb vorsichtig herauslösen, durch ein Sieb streichen und mit dem Joghurt und der Mayonnaise glattrühren. Die Eimasse in 4 Teile aufteilen.
3. Einen Teil mit der Sardellenpaste, einen anderen mit dem Eierlikör, den dritten Teil mit dem Senf und den vierten Teil mit der Petersilie und dem Weinbrand verrühren.
4. Jeweils 4 Eihälften mit einer Masse füllen und dekorativ auf einer Platte anrichten.
5. Die Eier mit Kräuterzweigen, Krabben, Weintrauben, Orangenstücken und Mixed Pickles ausgarnieren.
6. Die Freiflächen zwischen den Eiern mit Petersiliensträußchen ausfüllen.
7. Den Rand der Platte mit den in Scheiben geschnittenen Tomaten verzieren.
(Foto Seite 28/29)

Belegte Taler und Cracker

Für 24 Stück

12 Pumpernickeltaler
12 Cracker
4 frische Gurkenscheiben
1 Matjesfilet (80 g)
1 Glas (250 g) Mayonnaise (z. B. von Thomy)
½ kleiner ungeschälter Apfel
1 TL Zitronensaft
1 Glas (250 g) Remoulade (z. B. von Thomy)
4 Scheiben Roastbeef
4 Cornichons
1 TL Meerrettich
1 geräuchertes Forellenfilet
10 g Forellenkaviar
1 hartgekochtes Eigelb
Cayennepfeffer
2 Kirschtomaten
8 Shrimps
einige Zweige Dill
4 Scheiben Salami
¼ rote Paprikaschote

Außerdem:
4 Holzspießchen

Pumpernickeltaler mit Matjes
(4 Stück)
1. Die Pumpernickel mit jeweils 1 Gurkenscheibe und ¼ Matjesfilet belegen.
2. Je 1 Teelöffel Mayonnaise daraufgeben, mit 2 Apfelspalten dekorieren und mit etwas Zitronensaft beträufeln.

Pumpernickeltaler mit Roastbeef
(4 Stück)
1. Die Pumpernickeltaler mit je 1 Teelöffel Remoulade bestreichen.
2. Je 1 Scheibe Roastbeef zusammenrollen, mit 1 Cornichon garnieren und mit den Spießchen feststecken.

Pumpernickeltaler mit Forelle
(4 Stück)
1. 1 Eßlöffel Mayonnaise mit dem Meerrettich verrühren und die Pumpernikkeltaler damit bestreichen.
2. Je 1 Stück Forelle daraufsetzen und mit dem Forellenkaviar garnieren.

Cracker mit Forellenmousse
(4 Stück)
1. ½ Forellenfilet zerpflücken, das Eigelb durch eine Knoblauchpresse dazudrücken.
2. Beides mit 1 El Remoulade verrühren und auf die Cracker spritzen. Mit Cayennepfeffer bestäuben und mit je ½ Kirschtomate garnieren.

Shrimps-Cracker
(4 Stück)
1. 2 Eßlöffel Remoulade mit etwas gehacktem Dill verrühren und auf die Cracker streichen.
2. Je 2 Shrimps darauflegen und mit einem Dillzweig garnieren.

Cracker mit Salami
(4 Stück)
1. Auf jeden Cracker 1 Teelöffel Remoulade geben.
2. Die Salami zu Tütchen aufrollen und darauflegen. Mit etwas feingeschnittener Paprika bestreuen.
(Foto Seite 31: rechts)

Kräuterkugeln

Für 4 Stück

500 g feines Bratwurstbrät
2 Eier
4 EL Milch
1 EL grüne Pfefferkörner
1 Bund Petersilie
1 Bund Schnittlauch
½ Bund Zitronenmelisse
Salz
frisch gemahlener weißer Pfeffer
1 Prise Muskat
1 Prise Zucker
Fett zum Ausbacken

Außerdem:
Holzspießchen
süßsaures Gemüse

1. Das Brät in eine Schüssel geben und mit den Eiern und der Milch zu einer glatten Masse verrühren.
2. Die grünen Pfefferkörner, die gehackte Petersilie, den feingeschnittenen Schnittlauch und die gehackte Zitronenmelisse mit der Brätmasse vermischen.
3. Mit Salz, Pfeffer, Muskat und Zucker abschmecken.
4. Zu runden Kugeln formen und im schwimmenden Fett braten.
5. Mit verschiedenem süßsaurem Gemüse auf Holzspießchen stecken.

Gänseleber-medaillons

Für 6 Stück

2 Äpfel (Boskop)
1/4 l Weißwein
1 Prise Zucker
etwas Zitronensaft
120 g Gänseleberparfait aus der Dose
12 Pistazienkerne
6 Schattenmorellen
6 Haselnüsse

1. Die Äpfel schälen und die Kerngehäuse ausstechen. Die Äpfel quer in 1 cm dicke Scheiben schneiden und davon 6 gleich große runde Scheiben ausstechen.
2. Weißwein, Zucker und etwas Zitronensaft erhitzen und die Apfelscheiben darin bißfest pochieren. In der Flüssigkeit auskühlen und dann abtropfen lassen.
3. Aus dem Gänseleberparfait 6 runde Scheiben ausstechen. Auf jede Apfelscheibe ein Gänselebermedaillon setzen.
4. Die Medaillons mit je einer Schattenmorelle, 4 Pistazienhälften und einer Nuß garnieren.
(Foto oben links)

Putenbrust-medaillons

Für 6 Stück

300 g geräucherte gebratene Putenbrust
50 g feine Kalbsleberwurst
2 EL weiche Butter
1 cl Portwein
6 Walnußkernhälften
6 kleine Orangenfilets

1. Die Putenbrust quer in 6 gleich dicke Medaillons schneiden. Die Kalbsleberwurst mit Butter und Portwein cremig rühren.
2. Die Lebercreme mit einem Spritzbeutel mit gezackter Tülle auf die Medaillons spritzen. Jedes Medaillon mit einer Walnußkernhälfte und Orangenfilet garnieren.
(Foto oben halblinks)

Schweinefilet mit Lebermousse

Für 6 Stück

250 g Schweinefilet
Salz, gemahlener Pfeffer
2 EL Öl
50 g Kalbsleberwurst
40 g Butter
10 ml Portwein
6 Walnußkerne
6 Orangenfilets

1. Das Schweinefilet würzen und mit Küchengarn binden.
2. Das Öl in einer Pfanne erhitzen und das Filet rundherum anbraten. Im vorgeheizten Backofen bei 180° C unter mehrmaligem Drehen in etwa 8 Minuten rosa braten.
3. Das Filet sofort aus der Pfanne nehmen und vollständig erkalten lassen.
4. Die Kalbsleberwurst und die Butter glattrühren und mit Portwein abschmecken.
5. Das Schweinefilet in 6 gleich große Medaillons schneiden.
6. Das Lebermus aufspritzen, mit den Walnußkernen und Orangenfilets garnieren.
(Foto oben halbrechts)

Pastetchen mit Roquefortcreme

Für 6 Stück

80 g Roquefort
60 g Butter
2 EL Sahne
4 Radieschen
6 kleine Blätterteigpastetchen

1. Den Roquefortkäse, die Butter und die Sahne durch ein Haarsieb drükken und mit einem Schneebesen glattrühren.
2. Die Radieschen putzen, waschen und in 12 Scheiben schneiden.
3. Die Roquefortcreme mit einem Spritzbeutel mit Sterntülle in die Pastetchen füllen und mit je 2 Radieschenscheiben garnieren.
(Foto oben rechts)

Gefüllte Champignons

Für 6 Stück

6 grüne Spargelspitzen
6 große Champignonköpfe
Saft von 1 Zitrone
50 g feine Kalbsleberwurst
40 g Butter
10 ml Portwein
1 kleiner Trüffel

1. Die Spargelspitzen in Salzwasser blanchieren und abtropfen lassen.
2. Die Champignonköpfe waschen und in Zitronenwasser kurz blanchieren.
3. Die Kalbsleberwurst mit der Butter glattrühren, mit Portwein fein abschmecken.
4. Die Champignonköpfe mit der Öffnung nach oben auf die Arbeitsplatte legen. Die Spargelspitzen in der Mitte leicht schräg halbieren und mit der Spitze nach außen in die Champignonköpfe legen.
5. Das Lebermousse mit einer Sterntülle auf die Köpfe aufspritzen.
6. Die Trüffel in 6 Scheiben schneiden und diese halbieren. Jeden Champignonkopf mit 2 Stückchen garnieren.
(Foto oben links)

Sardellentrio auf Gemüsegurke

Für 6 Stück

2 hartgekochte Eier
6 große Scheiben Salatgurke
frisch gemahlener Pfeffer
18 kleine Sardellenfilets
6 mit Paprika gefüllte Oliven
6 Silberzwiebeln

1. Die Eier pellen und mit dem Eischneider in Scheiben schneiden.
2. Die Gurkenscheiben mit Pfeffer würzen und jeweils mit Eischeiben belegen.
3. Die Sardellen aufrollen und je 3 auf eine Gurkenscheibe legen.
4. Die Oliven in Scheiben schneiden und auf die Sardellenfilets geben.
5. In die Mitte der Oliven jeweils eine Silberzwiebel legen.
(Foto oben halblinks)

Artischockenböden mit Scampi

Für 6 Stück

6 Artischockenböden aus dem Glas
18 Scampi
6 EL geschlagene Sahne
2 TL Meerrettich
½ Bund Dill, etwas Trüffel

1. Die Artischockenböden abtropfen lassen, die Scampi waschen und trockentupfen.
2. Die Sahne mit dem Meerrettich verrühren und in die Artischockenböden füllen.
3. Jeweils 3 Scampi fächerförmig darauf anordnen und mit Dillzweigen garnieren. Nach Geschmack noch auf jedes ein Stück Trüffel legen.
(Foto oben halbrechts)

Artischockenböden mit Gemüse

Für 6 Stück

1 Karotte
1 weißes Rübchen
120 g Brokkoli
2 EL Essig
Salz
frisch gemahlener Pfeffer
etwas Wasser
6 Artischockenböden aus der Dose

1. Die Karotte und das Rübchen waschen. Beide in 6 gleiche Teile schneiden und rund zuschneiden (tournieren).
2. Den Brokkoli waschen und in 6 etwa gleich große Teile brechen.
3. Essig, Salz und Pfeffer mit etwas Wasser zum Kochen bringen. Die Gemüse darin garen.
4. Die Artischockenböden am Boden gerade schneiden. Das Gemüse abtropfen lassen und in die Artischockenböden einsetzen.
(Foto oben rechts)

Roastbeefröllchen mit Preiselbeersahne

Für 6 Stück

600 g Roastbeef
Salz
frisch gemahlener Pfeffer
1 TL Senf
1 EL Kokosfett
60 g Preiselbeeren aus dem Glas
125 g Sahne
20 g Meerrettich
einige Tropfen Zitronensaft

1. Das Roastbeef mit Salz, Pfeffer und Senf einreiben und in eine gefettete Alufolie wickeln.
2. Im vorgeheizten Backofen 20 Minuten auf der untersten Schiene bei 220° C braten, dann die Folie öffnen und weitere 10 Minuten braten. Das Fleisch dabei mehrmals mit dem entstehenden Bratenfond begießen. Herausnehmen und abkühlen lassen.
3. Die Preiselbeeren auf einem Sieb abtropfen lassen. Die Sahne steif schlagen, die Preiselbeeren unterziehen, mit dem Meerrettich, Salz und Zitronensaft abschmecken.
4. Das Roastbeef in dünne Scheiben schneiden, einen Eßlöffel voll Preiselbeerfüllung daraufgeben, aufrollen und gut gekühlt servieren.
(Foto Seite 34: links)

Datteln mit Käsecreme

Für 24 Stück

24 frische Datteln
20 g Pinienkerne
75 g Doppelrahm-Frischkäse
75 g weicher Blauschimmelkäse
2 TL grüne Pfefferkörner
eventuell etwas Sahne
einige Zweige Petersilie

1. Die Datteln waschen, trockenreiben, der Länge nach auf einer Seite aufschneiden und die Steine herausnehmen.
2. Die Pinienkerne ohne Fettzugabe leicht rösten, abkühlen lassen und grob hacken.
3. Den Frischkäse mit dem Blauschimmelkäse und den Pfefferkörnern mischen. Eventuell etwas Sahne dazugeben und so lange rühren, bis eine geschmeidige Masse entstanden ist.
4. Diese Creme mit einem Spritzbeutel in die Datteln spritzen. Die gerösteten Pinienkerne darüberstreuen und mit Petersilie garnieren.
(Foto Seite 35: rechts)

Shrimps in Kräutersauce auf Chicoréeblättern

Für 4 Stück

400 g Shrimps
2 EL Zitronensaft
100 g Mayonnaise
100 g saure Sahne
Salz
frisch gemahlener schwarzer Pfeffer
2 Zweige Estragon
3 Zweige Petersilie
2 Chicoréestauden
1 Zweig Dill

Feigen mit Kräuterkäse

Für 16 Stück

8 frische Feigen
100 g Doppelrahm-Frischkäse
½ Bund Kräuter
1 TL Zitronensaft
Salz
frisch gemahlener Pfeffer
1 großer Estragonzweig

1. Die Feigen waschen, abtupfen und halbieren.
2. Den Frischkäse glattrühren, mit den fein gehackten Kräutern, dem Zitronensaft, Salz und Pfeffer abschmecken und mit einer Sterntülle Rosetten auf die Feigen spritzen.
3. Die Feigen mit Estragonspitzen verzieren.
(Foto Seite 34: rechts)

1. Die küchenfertigen Shrimps mit Zitronensaft marinieren.
2. Die Mayonnaise mit der sauren Sahne verrühren und mit Salz, Pfeffer, feingehacktem Estragon und feingehackter Petersilie abschmecken.
3. Die Chicoréestauden putzen, den bitteren Strunk keilförmig herausschneiden und die Stauden in einzelne Blätter teilen. Die Blätter waschen, trockenschleudern und mit der Sauce bestreichen.
4. Die marinierten Shrimps daraufsetzen und mit Dill garnieren.
(Foto Seite 35: links)

Roastbeef-röllchen mit Tomaten

Für 6 Stück

1 Tomate
1 hartgekochtes Ei
3 Gewürzgurken
6 Scheiben rosa gebratenes Roastbeef
1 TL Senf
einige Petersilienzweige

1. Die Tomate häuten, halbieren, den Stielansatz und die Kerne entfernen und die beiden Hälften jeweils dritteln.
2. Das gekochte Ei schälen und sechsteln. Anschließend die Gewürzgurken längs halbieren.
3. Die Roastbeefscheiben einzeln auslegen und mit dem Senf bestreichen. Pro Scheibe eine Tomatenecke, eine Eiecke und eine halbe Gewürzgurke auflegen. Die Roastbeefscheiben über die kurze Seite fest einrollen.
4. Die Enden gerade schneiden. Die Röllchen in der Mitte zwei Drittel tief einschneiden und die Enden nach unten klappen, mit der Schnittstelle nach oben anrichten. Mit etwas Petersilie garnieren.

DER GUTE TIP

Wer keine Zeit hat, Roastbeef zu braten, kann es bereits aufgeschnitten beim Metzger kaufen.

3. Die Kerne der Melone entfernen und aus dem Fruchtfleisch mit einem Kugelausstecher 4 Kugeln herauslösen.
4. Auf 4 mit dem Fleisch oder dem Schinken bestückte Spießchen oben eine Melonenkugel und unten einen Käsewürfel stecken.
5. Auf die restlichen 4 Spießchen oben eine Olive und unten ebenfalls einen Käsewürfel stecken.
(Foto Seite 37: oben)

Käsewichtel

Für 8 Stück

4 Mini-Babybel ohne Wachshülle
4 dünne Scheiben Salami
8 Holzspießchen
8 Pistazienkerne
½ Kästchen Kresse
etwas weiche Butter
½ TL grober schwarzer Pfeffer
½ TL Paprikapulver edelsüß
50 g einer dicken Möhre

1. Die Salamischeiben zu Tütchen drehen, diese als Spitzhüte auf die quer halbierten Babybel setzen und mit Spießchen befestigen.
2. In die Mitte der Käsestücke je einen Pistazienkern stecken.
3. Die Kresse abschneiden, zu 8 Sträußchen zusammenfassen und diese jeweils zwischen Salamihütchen und Käse klemmen. Eventuell die Haftung mit Butter verbessern.
4. Die eine Hälfte der Käseköpfchen mit der Rundung in den Pfeffer, die andere Hälfte in das Paprikapulver drücken.
5. Die Möhre in 8 Scheiben schneiden, aus ihnen Blüten ausstechen. Die Köpfe darauf stecken.
(Foto Seite 36)

DER GUTE TIP

Statt Salami können Sie auch sehr gut dünn geschnittenes Bündner Fleisch oder Parmaschinken verwenden.

Feinschmecker-spießchen

Für 8 Stück

1 Scheibe Emmentaler (125 g, 1 cm dick)
4 hauchdünne Scheiben Bündner Fleisch oder Schwarzwälder Schinken
8 Holzspießchen
200 g Honigmelone
4 grüne, mit je einer Mandel gefüllte Oliven

1. Die Scheibe Emmentaler in 8 gleich große Würfel schneiden.
2. Die Scheiben Bündner Fleisch oder Schinken halbieren. Die Hälften ziehharmonikaartig falten und auf die Spießchen stecken.

Gefüllte Datteln

Für 8 Stück

4 frische Datteln
75 g Doppelrahm-Frischkäse
weißer Pfeffer
gemahlener Ingwer
ein Stückchen kandierter Ingwer
2 Karambolfrüchte

1. Die Datteln waschen und trockentupfen. Dann der Länge nach halbieren und die Kerne mit einem Löffel entfernen.
2. Den Frischkäse zusammen mit Pfeffer und etwas Ingwerpulver glattrühren. In einen Spritzbeutel mit gezackter Tülle füllen und in die Dattelhälften spritzen.
3. Den kandierten Ingwer in 8 Würfelchen schneiden und die Käsefüllung damit garnieren.

4. Die Karambolen waschen. Die Mittelstücke der Früchte in 8 schöne, dicke Scheiben schneiden und diese mit einer Scheibe in der Mitte als Kreis auf einen runden Teller legen. Auf jede Karambolenscheibe eine gefüllte Dattelhälfte setzen.
(Foto Seite 37: unten)

Matjesspießchen

Für 8 Stück

4 Matjesfilets
½ rote Paprikaschote
8 Cornichons
4 Maiskölbchen
1 Scheibe Ananas aus der Dose
1 Bund Petersilie
Holzspießchen

1. Die Matjesfilets waschen, trockentupfen und in mundgerechte Stücke schneiden.
2. Die Paprikaschote in Stücke schneiden, die Cornichons und Maiskölbchen halbieren. Die Ananas abtropfen lassen und ebenfalls in Stücke schneiden.
3. Alle diese Zutaten auf Spießchen stecken.
4. Die Petersilie waschen, ausschütteln und mit den Spießchen dekorativ auf einer Platte anrichten.

Gefüllte Partyhappen

Für 20 Stück

1 P. TK-Blätterteig (300 g)
1 Eigelb

Füllung 1:
200 g Frischkäse
1–2 EL Milch
Salz
frisch gemahlener Pfeffer
Keta-Kaviar
1/4 rote Paprikaschote

Füllung 2:
150 g feine Leberwurst
50 g Butter
Salz
frisch gemahlener Pfeffer

Füllung 3:
1/8 l geschlagene Sahne
Salz
2 EL geriebener Meerrettich
4 kleine Scheiben
geräucherter Lachs

Außerdem:
Cornichons
Rote Pfefferschoten
Dill

1. Den Blätterteig auftauen lassen und anschließend jede Platte in 4 Rechtecke schneiden.
2. Ein Backblech mit kaltem Wasser abspülen, die Blätterteigstücke darauflegen und mit dem verquirlten Eigelb bestreichen. Im vorgeheizten Backofen bei 220° C 10 bis 15 Minuten backen.
3. Die gebackenen Rechtecke vom Backblech nehmen und auskühlen lassen. Mit einem scharfen Sägemesser einmal ganz durchschneiden.
4. Für die Füllung 1 den Frischkäse mit der Milch glattrühren und mit Salz und Pfeffer würzen. Unter eine Hälfte den Keta-Kaviar, unter die andere die feingeschnittene Paprikaschote rühren.
5. Für die Füllung 2 die Leberwurst mit der weichen Butter verrühren und würzen.
6. Für die Füllung 3 die Sahne sehr steif schlagen, mit Salz würzen und den Meerrettich unterrühren. Die Meerrettichsahne mit den gerollten Lachsscheiben in vier Partyhappen füllen.
7. Die restlichen Partyhappen mit den verschiedenen Cremes füllen und mit Cornichons, Pfefferschotenstücken und Dill verzieren.
(Foto Seite 38)

Avocado-Scampi-Cocktail

Für 4 Portionen

8 küchenfertige Scampi
2 kleine reife Tomaten
2 kleine reife Avocados
12 Chicoréeblätter
2 EL Tomatenketchup

1 EL Tomatensaft
Salz
frisch gemahlener weißer Pfeffer
1 Prise Zucker
einige Tropfen Zitronensaft

Cocktailsauce:
2 EL Mayonnaise
2 EL Tomatenketchup
2 TL Weinbrand
1 TL feingehackter Dill
Salz, Cayennepfeffer
1 EL geschlagene Sahne
einige Zweige Dill

1. Die Scampi waschen und trockentupfen.
2. Von den Tomaten den Blütenansatz entfernen. Die Tomaten mit kochendem Wasser überbrühen, enthäuten, sechsteln und entkernen.
3. Die Avocados längs halbieren und den Stein herausnehmen. Zwei Drittel des Avocadofleisches mit einem Kugelausstecher ausstechen.
4. 2 Scampi halbieren und für die Garnitur beiseite legen. Das restliche Fleisch schräg in Scheiben und 8 gewaschene Chicoréeblätter in Streifen schneiden.
5. Das Scampi-, das Tomaten- und das Avocadofleisch sowie die Chicoréestreifen auf einen flachen Teller geben. Das Tomatenketchup und den Tomatensaft mit Salz, Pfeffer, Zucker sowie Zitronensaft würzen und verrühren. Mit den Salatzutaten mischen.
6. Den Cocktail in den Avocadoschalen oder in 4 Sektschalen anrichten.
7. Aus der Mayonnaise, dem Tomatenketchup, dem Weinbrand und dem Dill eine Cocktailsauce zubereiten und mit Salz und Cayennepfeffer würzen. Die Sahne locker darunterziehen und die Sauce über die Cocktails verteilen.
8. Mit den restlichen 4 gewaschenen Chicoréeblättern, den Scampischwanzhälften und den Dillzweigen garnieren.
(Foto Seite 39)

Muschelcocktail

Für 4 Portionen

400 g Muschelfleisch
2 Tomaten
1 Bund Frühlingszwiebeln
150 g frische Champignons
100 g Schafskäse

Cocktailsauce:
100 ml Rotwein
4 EL Obstessig
6 EL Olivenöl
Saft von 1 Orange
1 Zwiebel
1 Bund Estragon
Salz
frisch gemahlener weißer Pfeffer
1 Prise Zucker

1. Das gekochte Muschelfleisch in eine Schüssel geben.
2. Die Tomaten mit kochendem Wasser überbrühen, enthäuten, entkernen und das Fleisch in Würfel schneiden.
3. Die Frühlingszwiebeln waschen und in dünne Streifen schneiden.
4. Die Champignons putzen, waschen und in Scheiben schneiden.
5. Den Schafskäse in kleine Stücke zerpflücken.
6. Die Zutaten zu den Muscheln geben und alles vorsichtig miteinander vermischen.
7. Den Rotwein mit dem Obstessig, dem Olivenöl, dem Orangensaft, der feingehackten Zwiebel und dem gehackten Estragon verrühren.
8. Mit Salz, Pfeffer und Zucker abschmecken.
9. Den Salat damit anmachen, mindestens ½ Stunde im Kühlschrank ziehen lassen und servieren.

Fleisch- und Wurstspezialitäten

An den Platten, auf denen ein saftiger Braten, ein feiner Schinken oder eine deftige Wurstplatte auf dem Buffettisch angerichtet wurde, drängeln sich schon bald die Gäste, um ihren Appetit zu stillen. Den Braten können Sie selbst zubereiten, was natürlich etwas aufwendiger ist, oder Sie können ihn fertig (auch aufgeschnitten) kaufen, falls Sie wenig Zeit zur Verfügung haben. Wichtig ist, daß Sie die Platten schön dekorieren: Dazu bieten sich frische Kräuter, sauer eingelegtes Gemüse, Tomaten und Paprikaschoten an – Ihrer Phantasie sind dabei keine Grenzen gesetzt. Lassen Sie sich von den folgenden Vorschlägen anregen!

Dekorierte Schweinemedaillons

Für 16 Stück

16 kleine Schweinemedaillons
Salz, gemahlener Pfeffer
Butter oder Margarine
zum Braten
1 hartgekochtes Ei
1 Essiggurke
2 gefüllte Oliven
100 g Doppelrahm-Frischkäse
4 cl Weinbrand
2 EL mittelscharfer Senf
1 Prise Zucker
4 Champignonköpfe
aus dem Glas
Kräuterzweige
1 Kiwi, 1 Mandarine
2 Belegkirschen
Apfelschnitze, Orangenfilets

1. Die Medaillons salzen, pfeffern und in der Butter oder Margarine braten. Herausnehmen und erkalten lassen.
2. Die Medaillons gleichmäßig auf einer Platte anrichten.
3. 4 Medaillons mit Eischeiben, Essiggurkenscheiben und halbierten Oliven belegen.
4. Den Doppelrahm-Frischkäse mit dem Weinbrand und dem Senf glattrühren. Mit Salz, Pfeffer und Zucker würzen und auf 8 Medaillons spritzen.
5. 4 der bespritzten Medaillons mit Champignonköpfen und Kräuterzweigen garnieren.
6. Die restlichen 4 mit Apfelschnitzen und Orangenfilets garnieren.
7. Die übriggebliebenen Medaillons mit Kiwischeiben, Mandarinenfilets und Belegkirschen ausgarnieren und die Platte so servieren.
(Foto Seite 40/41)

Vitello Tonnato

Für 6 Portionen

1 Zwiebel
2 Lorbeerblätter
1 Nelke
800 g Kalbsnuß
150 g Thunfisch ohne Öl
4 Sardellenfilets
50 g Mayonnaise
50 g Joghurt
Saft von 2 Zitronen
2 hartgekochte Eier
1 EL Kapern
Cornichons
schwarze und grüne Oliven

1. Die Zwiebel schälen und mit Lorbeerblättern und Nelke spicken.
2. Die Kalbsnuß längs halbieren und mit Küchengarn binden, damit das Fleisch beim Kochen die Form behält.
3. Das Fleisch mit der gespickten Zwiebel in Salzwasser auf kleiner Flamme etwa 45 Minuten leicht köcheln lassen, bis es gar ist. Die Kalbsnuß im Fond erkalten lassen.
4. Inzwischen für die Sauce Thunfisch, Sardellenfilets, Mayonnaise, Joghurt und Zitronensaft im Mixer pürieren.
5. Das erkaltete Fleisch in dünne Scheiben schneiden und fächerförmig auf eine Platte mit Rand legen.
6. Die Sauce über das Fleisch geben und das Ganze im Kühlschrank mindestens 5 Stunden ziehen lassen.
7. Vor dem Servieren mit in Spalten geschnittenen Eiern, Kapern, Cornichons und Oliven garnieren.
(Foto Seite 42)

Kalbsbraten

Für 6–8 Portionen

1 kg Kalbfleisch aus der Keule
1½ TL Selleriesalz
10 Tropfen Tabasco
1 Spritzer Worcestersauce
1 TL scharfer Senf
3 EL Öl

1. Vom Kalbfleisch sämtliche Hautreste abschneiden, abspülen und trokkentupfen.
2. Das Salz mit Tabasco, Worcestersauce, Senf und Öl verrühren und damit den Kalbsbraten von allen Seiten gleichmäßig einstreichen. Etwa eine Stunde ruhen lassen.

3. Den Backofen auf 220° C vorheizen und den Braten ohne weiteren Fettzusatz etwa 40 Minuten braten. Während der Bratzeit etwas Wasser aufgießen, damit der Braten nicht zu dunkel wird.
(Foto Seite 43)

DER GUTE TIP

Es empfiehlt sich, bei Kalbsbraten eine Garprobe zu machen, damit er auch wirklich durch ist. Beim Druck mit dem Finger auf das Fleisch sollte dieses nicht mehr stark nachgeben.

Bratenspieße

Für 25–30 Stück

- *200 g garer Schweinebraten*
- *200 g garer Kalbsbraten*
- *200 g Roastbeefscheiben*
- *2 TL scharfer Senf*
- *125 g Edamer Käse*
- *125 g roher Schinken in Scheiben*
- *3–4 Gewürzgurken*
- *½ Kopfsalat*
- *1 Zwiebel*
- *2 EL Essig, 3 EL Öl*
- *1 TL gehackte Kapern*
- *1 EL gehackte Petersilie*
- *½ EL gehackter Dill*
- *Salz*
- *Cayennepfeffer*
- *Holzspießchen*

1. Den Schweine- und den Kalbsbraten in gleichmäßige Würfel von 2 bis 3 cm Größe schneiden.
2. Die Roastbeefscheiben auf einem Holzbrett auslegen. Diese dünn mit dem Senf bestreichen, jeweils ein Stückchen Edamer Käse darauflegen und die Fleischscheiben aufrollen.
3. Den dünn geschnittenen rohen Schinken ebenso auf dem Holzbrett auslegen. Diesen mit Gurkenstückchen aufrollen.
4. Auf Holzspießchen nun die Fleischwürfel, die Roastbeefröllchen und die Schinkenrollen in bunter Reihenfolge spießen.
5. Den vorbereiteten grünen Salat grob hacken, damit eine Platte auslegen und die Spieße darauf dekorieren.
6. Die Zwiebel schälen, in Ringe schneiden und die Fleischspieße damit bedecken.
7. Aus dem Essig, Öl, den Kapern, der Petersilie und dem Dill eine Sauce rühren und diese mit Salz und Cayennepfeffer würzen.
8. Die Sauce über die Spieße geben und diese im Kühlschrank mindestens 30 Minuten kalt stellen.

Illustrierte Rippchen

Für 4 Portionen

4 gepökelte gekochte Schweinerippchen
1 TL Senf
200 g Sauerkraut
1 Essiggurke
1 Salzgurke
2 kleine Zuckergurken
3 EL gehackter Tomatenpaprika
1 feste Tomate
4 EL Kräuterremoulade

1. Die Rippchen (mit oder ohne Knochen) auf einer Seite mit dem Senf bestreichen. Auf den Senf das Sauerkraut verteilen.
2. Die drei Gurkensorten grob hacken, Tomatenpaprika aus dem Glas daruntermischen und diese Zutaten ebenfalls auf dem Sauerkraut verteilen.
3. Die Tomate quer in 4 Scheiben schneiden und je eine davon als Abschluß auf das Rippchen legen. Darauf noch je 1 Eßlöffel Kräuterremoulade häufen.

Ingwerbrüstchen

Für 8 Stück

8 Hähnchenbrüste
½ TL Salz
¼ TL weißer Pfeffer
¼ TL Ingwerpulver
50 g Butter
1 EL Gin
1 Tasse Ingwerfrüchte aus dem Glas
3 EL Mayonnaise
2 EL Joghurt
1 TL Curry hot
etwas abgeriebene Zitronenschale (unbehandelt)
8 Maraschinokirschen

1. Die Brüstchen waschen und mit der Mischung aus Salz, Pfeffer und Ingwer einreiben.
2. Die Butter in der Pfanne erhitzen und die Hähnchenbrüste darin von beiden Seiten goldbraun braten. Kurz vor Ende der Garzeit Gin darüberträufeln.
3. Die Ingwerfrüchte aus dem Sirup nehmen und in dünne Streifchen schneiden.
4. Die Brüstchen auf einer Platte anrichten und mit den Ingwerstreifen belegen.
5. Die Mayonnaise mit dem Joghurt verschlagen, kräftig mit dem Curry abschmecken und die abgeriebene Zitronenschale darunterziehen. Davon jeweils 1 Löffel voll über die Brüstchen gießen und noch mit einer Maraschinokirsche verzieren.

Hähnchenbrüste mit Hummerkrabben

Für 8 Stück

8 Hähnchenbrüste
½ TL Salz
1 TL Paprikapulver
1–2 EL Sherry
60 g Butter
8 Hummerkrabben
2 Tomaten
2 EL Mayonnaise
2 EL frische Sahne
5 Tropfen Tabasco
1 TL gehackter Dill
1 Zitrone
1 Dillstrauß

1. Die Hähnchenbrüste ringsum mit dem Gemisch aus Salz, Paprika und Sherry einreiben.
2. Die Butter in der Pfanne zerlaufen lassen, die Brüste einlegen und von beiden Seiten knusprig braun braten. Erkalten lassen.
3. Die Hummerkrabben 10 Minuten in Salzwasser kochen. Erkalten lassen, dann die Schalen ablösen.
4. Auf einer schönen Platte die Hähnchenbrüste anrichten, darauf jeweils eine Tomatenscheibe und eine Hummerkrabbe legen.
5. Die Mayonnaise, mit Sahne, Tabasco und gehacktem Dill verrühren und über die Hähnchenbrüste geben.
6. Mit Zitronenschnitzen und Dill garnieren.

Glasierte Hähnchenkeulen

Für 8 Stück

8 Hähnchenkeulen
Salz
frisch gemahlener Pfeffer
1 EL Paprikapulver, edelsüß
Fett zum Braten
4 EL Butter oder Margarine zum Bestreichen

Glasur:
5 EL Aprikosenmarmelade
2 EL Essig
1 TL getrockneten Thymian
1 EL getrockneten Majoran
4 EL Öl
4 cl Weinbrand
Kresse
1 Glas süß-saures Gemüse

1. Die Hähnchenkeulen unter fließendem Wasser abwaschen, trockentupfen, salzen, pfeffern und mit dem Paprika einreiben.
2. Das Fett in einem Bratgeschirr erhitzen, die Hähnchenkeulen darin rundherum Farbe nehmen lassen.
3. In den auf 220° C vorgeheizten Backofen schieben und 30 Minuten garen.
4. Während der Garzeit öfter mit der Butter oder Margarine bestreichen.
5. Die Aprikosenmarmelade mit dem Essig glattrühren, mit dem Thymian und dem Majoran würzen.
6. Das Öl und den Weinbrand untermischen, mit Salz und Pfeffer abschmecken und die Hähnchenkeulen etwa 10 Minuten vor Garende damit bedecken.
7. Herausnehmen, erkalten lassen, auf einer Platte anrichten, mit Kresse bestreuen und mit süßsaurem Essiggemüse servieren.
(Foto Seite 45)

Exotische Truthahnsteaks

Für 8 Stück

4 Truthahnsteaks
Salz
frisch gemahlener Pfeffer
1 Msp. Ingwerpulver
1 TL Curry
2 EL Butter oder Margarine

Außerdem:
4 kleine Scheiben Ananas
1 Kiwi
4 Lychees
einige Cocktailkirschen
1 Ingwernuß
1 EL mittelscharfer Senf
1 TL grüne Pfefferkörner
4 EL Orangenlikör
Kräuterzweige

1. Die Truthahnsteaks halbieren, salzen und pfeffern. Das Ingwerpulver und den Curry miteinander vermischen und die Steaks damit einreiben.
2. Das Fett in einer Pfanne erhitzen und die Truthahnsteaks darin braten. Herausnehmen und auf einer Platte anrichten.
3. Die in kleine Stücke geschnittenen Ananasscheiben, die Kiwi, die Lychees und die Cocktailkirschen in das verbliebene Bratfett geben und kurz anschwitzen.
4. Die Ingwernuß fein hacken und unterziehen. Das Obst in der Pfanne mit dem Senf, den grünen Pfefferkörnern und dem Orangenlikör aromatisieren.
5. Mit Salz und Pfeffer pikant abschmecken und gleichmäßig auf die Truthahnmedaillons verteilen. Abkühlen lassen.
6. Mit verschiedenen Kräuterzweigen garnieren und servieren.
(Foto Seite 44)

Entenbrust auf Blattsalaten

Für 4 Portionen

2 Entenbrüste à 200 g
Salz, gemahlener Pfeffer
2 EL Öl
2 EL Himbeeressig
4 EL Bratenfond
(Fertigprodukt)
1 kleiner Friséesalat
1 kleiner Eichblattsalat
1 kleiner Radiccio

Sauce:
2 EL Himbeeressig
4 EL Öl
Salz, gemahlener Pfeffer
1 TL grüne Pfefferkörner

1. An den Seiten einen Teil der Haut von den Entenbrüsten entfernen und in kleine Würfel schneiden.
2. Die Entenbrüste mit Salz und Pfeffer würzen und in einer Pfanne im Öl mit der Hautseite zuerst anbraten, auf die Fleischseite drehen und in den Backofen geben. Bei 200° C etwa 10 Minuten braten. Die Hautwürfel dazugeben und kräftig anbraten.
3. Die Entenbrüste und Hautwürfel aus der Pfanne nehmen und unter Alufolie warm halten.
4. Das ausgebratene Fett aus der Pfanne abgießen und den Bratensatz mit dem Himbeeressig ablöschen und dem Bratenfond auffüllen.
5. Die Salate einzeln putzen, waschen und abtropfen lassen.
6. Den Himbeeressig mit dem Öl verrühren und mit Salz und Pfeffer würzen.
7. Die Salate auf einer Platte anrichten und mit der Sauce beträufeln.
8. Die Entenbrüste in Scheiben schneiden und auf dem Salat anrichten.
9. Den Bratensaft und anschließend die ausgebackenen Hautwürfel und den grünen Pfeffer darüberstreuen.
(Foto Seite 46)

Rehrücken mit Lebermousse

6–8 Portionen

1 Rehrücken
Salz
frisch gemahlener schwarzer Pfeffer
1 EL getrockneter Thymian
100 g durchwachsener geräucherter Speck, in dünne Scheiben geschnitten
3 EL Öl
¼ l Rotwein
200 g feine Kalbsleberwurst
200 g Doppelrahm-Frischkäse
2 EL Preiselbeeren
4 cl Weinbrand
1 Bund Petersilie
1 Prise Muskat

Außerdem:
Orangenscheiben
Kiwischeiben
Cocktailkirschen
Kräuterzweige

1. Den Rehrücken abwaschen, trockentupfen, mit Salz, Pfeffer und Thymian einreiben. Mit den Speckscheiben belegen.
2. Das Öl in einem Bräter erhitzen, den Rehrücken hineinlegen und im auf 220° C vorgeheizten Backofen 25 bis 35 Minuten braten.
3. Während der Garzeit öfter mit dem Rotwein und eventuell etwas Wasser ablöschen.
4. Anschließend den Rehrücken herausnehmen, in Alufolie wickeln und erkalten lassen.
5. Danach sorgfältig tranchieren und auf eine Platte legen.
6. Die Leberwurst mit dem Frischkäse und den Preiselbeeren glattrühren, mit dem Weinbrand aromatisieren.
7. Die feingehackten Kräuter unterziehen, mit Salz, Pfeffer und Muskat abschmecken.
8. Den Leberschaum in einen Spritzbeutel mit Sterntülle füllen und auf dem Rehrücken verteilen.
9. Mit den Orangenscheiben, den Kiwischeiben, den Cocktailkirschen, der restlichen Lebermasse und Kräuterzweigen garnieren und servieren.
(Foto Seite 47)

Putenbrust nach Gärtnerinnenart

Für 4–6 Portionen

1 Putenbrust (etwa 1000 g)
1 TL Salz
1/4 TL weißer Pfeffer
1/2 TL Selleriesalz
1 Msp. Ingwerpulver
3 EL Öl
1/2 Tasse Fleischbrühe
2 EL Cognac
1 kleine Dose Champignons
1 Tasse gedünstete Erbsen
1/2 Tasse gedünstete Karotten
3 Scheiben Ananas
1 Tasse gewürfelter Staudensellerie
4 EL Mayonnaise
2 EL Ananassaft
2 EL frische Sahne
8 Tropfen Tabasco
1 hartgekochtes Ei
2 Tomaten
1 Bund Petersilie

1. Die vorbereitete Putenbrust sorgfältig von Hautresten befreien und mit der Mischung aus Salz, Pfeffer, Selleriesalz und Ingwerpulver einreiben.

2. In einer Pfanne das Öl erhitzen und die Putenbrust ganz rasch von allen Seiten anbraten, die Fleischbrühe aufgießen und nun die Putenbrust darin mehr gar dünsten als braten. Die Fleischbrühe kann dabei einkochen. Die Garzeit beträgt etwa 50–60 Minuten.

3. Wenige Minuten vor Ende der Garzeit den Cognac darübergießen. Dann die Putenbrust erkalten lassen und anschließend in gleichmäßige Scheibchen schneiden.

4. Die Champignons aus der Dose nehmen und gut ablaufen lassen. In dicke Scheiben schneiden, die Erbsen und die gewürfelten Karotten dazugeben.

5. Die Ananasscheiben in Segmente teilen und zusammen mit dem gewürfelten Staudensellerie aus der Dose zum Champignongemisch geben. Alles sorgfältig vermengen.

6. Die Mayonnaise mit dem Ananassaft und der frischen Sahne verrühren und mit dem Tabasco schärfen. Das Gemüse damit anmachen, notfalls etwas nachsalzen.

7. Diesen Salat auf einer Platte anrichten und die Putenbrustscheibchen darauf anordnen. Das geschälte Ei und die Tomaten in Achtel teilen. Die Putenbrust damit und mit Petersilientuffs verzieren.

Gemischte Aufschnittplatte

Für 4–6 Portionen

125 g Roastbeef in Scheiben
125 g gepökelte, geräucherte Zunge in Scheiben
125 g kalter Braten in Scheiben
125 g roher Schinken in Scheiben
125 g gefüllter, kalter Braten in Scheiben
80 g Bündner Fleisch

Außerdem:
Spargel
Essiggemüse
1 Honigmelone
Mandarinenfilets
1 Orange
rote und grüne Paprikastreifen
Champignons aus dem Glas

1. Die Schinken- und Fleischscheiben sortengleich auf einer Platte anrichten.
2. Die einzelnen Zwischenräume mit Honigmelonenschnitzen, Essiggemüse, Paprikastreifen oder Spargelröllchen garnieren.
3. Das Bündner Fleisch zu Röschen formen und dekorativ auf der Platte anrichten.
4. Mit Kräutern ausgarnieren und servieren.
(Foto Seite 48)

Currykotelett mit Salat

Für 10 Portionen

5 EL Sojaöl
Salz, schwarzer Pfeffer
4 EL Currypulver
1 TL gemahlener Koriander
3 Knoblauchzehen
2,3 kg Schweinerücken (1 ganzer Kotelettstrang)

Salat:
400 g frische Bohnenkeime
2 Bund Frühlingszwiebeln
150 g Tomaten
4 EL Sesamöl
4 EL Weißweinessig
2 EL Sojasauce
3 EL Korianderblättchen (ersatzweise Petersilie)

1. Das Sojaöl mit Salz, Pfeffer, Curry und Koriander verrühren. Die Knoblauchzehen schälen und dazupressen. Den Schweinerücken kurz waschen, trockentupfen, mit der Marinade einstreichen und auf ein Backblech legen.
2. Das Fleisch im Ofen bei 225° C etwa eine Stunde braten, dann abkühlen lassen.
3. Inzwischen die Bohnenkeime waschen, ½ Minute in kochendem Wasser blanchieren und in ein Sieb abgießen, kalt abbrausen und gut abtropfen lassen.
4. Die Frühlingszwiebeln putzen, waschen und in feine, schräge Ringe schneiden. Die Tomaten kurz mit heißem Wasser überbrühen, abziehen und würfeln. Das Gemüse mischen.
5. Das Sesamöl, Essig, Sojasauce, Salz und Pfeffer verquirlen, würzig abschmecken und das Gemüse darin wenden.
6. Zum Servieren den Braten in ½ Zentimeter dünne Scheiben schneiden und diese auf eine Platte legen. Mit Curry bestäuben. Den Salat mit den Korianderblättchen oder der gehackten Petersilie bestreuen und zu den Kotelettscheiben reichen.
(Foto Seite 49)

Schinken mit süß-sauer eingelegtem Gemüse

Für 4 Portionen

1 Karotte, 1 kleiner Zucchino
4 Stangen junger Lauch
½ kleiner Blumenkohl
1 Brokkoli
½ rote Paprikaschote
½ grüne Paprikaschote
2 EL Zucker
80 ml Weinessig
250 g roher Schinken, geschnitten
einige Salatblätter zum Garnieren
Salz
frisch gemahlener Pfeffer
Essig
Öl

1. Die Karotte schälen und mit einem Buntmesser in etwa 5 Millimeter dicke Scheiben schneiden.
2. Den Zucchino waschen und so schälen, daß immer ein Streifen Schale an dem Zucchino bleibt, und wie die Karotte in Scheiben schneiden.
3. Vom jungen Lauch den Strunk entfernen und am Beginn des Grünen abschneiden. Den Lauch gründlich waschen. Dabei die Stangen nicht einschneiden.
4. Den Blumenkohl und die Brokkoli putzen, in Röschen brechen und waschen.
5. Die Paprikaschoten putzen, entkernen und längs achteln. Die Paprikastreifen waschen und anschließend in Rauten schneiden.
6. Den Zucker in einem Topf erhitzen, bis er karamelisiert. Mit Weinessig ablöschen und mit etwas Wasser auffüllen, aufkochen lassen.
7. Die Gemüse in folgender Reihenfolge in den Fond legen und jeweils etwa eine halbe Minute kochen lassen: Karotten, Blumenkohl, Paprika, Lauch, Zucchini und Brokkoli.
8. Das Gemüse im Fond erkalten und etwa 24 Stunden ziehen lassen.
9. Den Schinken längs falten und auf einer Platte auf einer Seite anrichten. Dabei die Scheiben etwas übereinander legen.
10. Die Salatblätter waschen, mit Salz, Pfeffer, Essig und Öl marinieren und auf der freien Seite der Platte anrichten. Auf den Salatblättern das süßsauer eingelegte Gemüse verteilen.

Delikates aus Fisch und Meeresfrüchten

Platten mit Fisch und Meeresfrüchten gehören heute zum festen Bestandteil eines kalten Buffets. Dank des vielseitigen und frischen Angebots im Handel ist es kein Problem mehr, Familie und Gäste rund ums Jahr damit zu verwöhnen.
Ob deftig oder fein, in diesem Kapitel finden Sie Vorschläge für alle Gelegenheiten: Die feine Fischplatte mit Meeresfrüchten für einen festlichen Anlaß genauso wie den sauren Hering zum Katerfrühstück.

Räucherfischplatte mit verschiedenen Cremes

Für 4 Portionen

200 g geräucherter Lachs
1 kleiner geräucherter Aal
4 kleine Bismarckheringe
2 geräucherte Makrelenfilets
2 geräucherte Forellenfilets
Salz, gemahlener Pfeffer

Außerdem:
2 Zitronen
Mandarinenfilets
Kiwistückchen
Keta-Kaviar
Salatblätter
Kräuterzweige

1. Den Aal in Scheiben schneiden und mit den anderen geräucherten Fischsorten dekorativ auf einer Platte anrichten. Die Heringe rollen und dazulegen.
2. Zitronen in Scheiben schneiden und die Mandarinenfilets gut abtropfen lassen, mit den Kiwistückchen und dem Kaviar dekorativ auf dem Fisch verteilen.
3. Mit den Salatblättern und den Kräuterzweigen die Platte ausgarnieren.

Sahnemeerrettich:
1/2 Becher Sahne
1 P. Sahnesteif
5 EL Meerrettich
Salz
1 Prise Zucker

Die Sahne mit dem Sahnesteif steif schlagen, den Meerrettich untermischen, mit Salz, Pfeffer und Zucker abschmecken.

Weinbrandcreme:
1 Tasse Mayonnaise
4 EL Tomatenketchup
4 cl Weinbrand
1 EL Preiselbeeren
Salz
1 Prise Zucker

Die Mayonnaise mit dem Tomatenketchup, dem Weinbrand und den Preiselbeeren glattrühren und mit Salz, Pfeffer und Zukker abschmecken.

Kräutercreme:
1 Becher Joghurt
1/2 Bund Schnittlauch
1/2 Bund Kerbel
1/2 Kästchen Kresse
Saft von 1 Orange
4 cl Orangenlikör
Salz
frisch gemahlener Pfeffer

Den Joghurt mit den feingehackten Kräutern, dem Orangensaft und dem Orangenlikör glattrühren, mit Salz und Pfeffer abschmecken.

Sardellencreme:
1 P. Doppelrahm-Frischkäse
4 EL Sahne
2 EL Sardellenpaste
2 cl Weinbrand
Salz
frisch gemahlener Pfeffer

Den Doppelrahm-Frischkäse mit der Sahne, der Sardellenpaste und dem Weinbrand glattrühren, mit Salz und Pfeffer würzen.
(Foto Seite 50/51)

Matjesröllchen mit Apfel-Meerrettich-Sahne und Forellensahne

Für 8 Stück

8 Matjesfilets
200 g Sahne
1 Apfel
etwas Zitronensaft
2 EL geriebener Meerrettich
Salz
Zucker
2 Bund Dill
100 g Forellenkaviar

1. Die Matjesfilets abtropfen lassen.
2. Die Sahne steif schlagen. Den Apfel schälen, fein raspeln und mit et-

was Zitronensaft beträufeln. Zusammen mit dem Meerrettich unter die Sahne mischen und mit Salz und Zucker abschmecken.
3. Den Dill waschen und fein schneiden. Die Matjesfilets im Dill wälzen und aufrollen. Die Röllchen mit dem Apfelmeerrettich und dem Forellenkaviar auf einer Platte anrichten. Dazu Butter und Schwarzbrot reichen.
(Foto Seite 52)

Scharfer Hering

Für 8 Stück

8 Bismarckheringe
200 g Sahnequark
2 EL Tomatenmark
½ Tasse Sangrita picante
Salz
frisch gemahlener schwarzer Pfeffer
1 Prise Cayennepfeffer
1 Prise Zucker
Saft von 1 Zitrone
1 Zwiebel
1 Peperoni
1 rote Paprikaschote

Außerdem:
2 Äpfel
1 Tasse Weißwein
½ grüne Paprikaschote
einige eingelegte grüne Pfefferkörner
verschiedene Kräuter

1. Die Bismarckheringe gut abtropfen lassen und zusammenrollen.
2. Den Quark mit dem Tomatenmark und dem Sangrita glattrühren. Mit Salz, Pfeffer, Cayennepfeffer, Zucker und Zitronensaft würzen.
3. Die Zwiebel und die Peperoni fein hacken, die Paprikaschote in kleine Würfel schneiden und alles unter den Quark ziehen.
4. Die Äpfel schälen, entkernen und jeweils in 4 gleich große Scheiben schneiden.
5. Die Apfelscheiben in Weißwein kurz dünsten, herausnehmen und erkalten lassen.
6. Die Bismarckrollen auf die Apfelscheiben legen, mit der Quarkmasse füllen und mit Kräutern, Paprikawürfeln und Pfefferkörnern garnieren.
(Foto Seite 53)

Katerröllchen

Für 8 Stück

8 Matjesfilets
1 TL scharfer Senf
1 Stückchen Senfgurke
1 Gewürzgurke
¼ l Sahne
¼ TL Salz
½ TL Zucker
2 säuerliche Äpfel
1 EL geriebener Meerrettich
Holzspießchen

1. Die gewässerten und vorbereiteten Matjesfilets auf einer Platte flach auslegen und die Innenseite ganz dünn mit dem scharfen Senf bestreichen.
2. Senfgurke und Gewürzgurke in feinste Streifchen schneiden. Die Matjesfilets damit belegen und säuberlich aufrollen. Mit einem Zahnstocher oder Holzspießchen durchstecken.
3. Die Sahne mit dem Salz und Zucker steifschlagen, dann die geschälten und vom Kernhaus befreiten geriebenen Äpfel und den frischen, geriebenen Meerrettich darunterrühren.
4. Die Apfelsahne auf eine Platte oder Schale füllen und die gefüllten Matjesröllchen hineinsetzen.

Dillforellen

Für 4 Portionen

- *4 frische Forellen*
- *1 Sträußchen Dill*
- *5 EL Essig*
- *1 EL Salz*
- *Schale von 1/2 Zitrone*
- *1/8 l Weißwein*
- *2 Blatt weiße Gelatine*
- *Salz*
- *Zucker*
- *2 EL gehackter Dill*
- *2 EL Mayonnaise*
- *2 EL Fondue-Relish*
- *4 Zitronenscheiben*
- *1 EL eingelegte rote Paprika*

1. Die ausgenommenen Forellen kurz abspülen und in die Bauchhöhle jeweils ein Dillsträußchen einlegen. Entsprechend viel Wasser in einem Topf zum Kochen bringen. Essig, Salz und Zitronenschale hinzufügen, aufkochen lassen und die Forellen vorsichtig hineingleiten lassen. In dem Wasser langsam gar ziehen lassen. Dies dauert ungefähr 6–8 Minuten.

2. Von den Forellen die Haut zwischen Kopf und Schwanz abziehen, vollständig erkalten lassen.

3. In der Zwischenzeit den Weißwein erhitzen. Die Gelatine in wenig kaltem Wasser einweichen, wieder ausdrücken und in dem heißen Wein auflösen. Salz und Zucker dazugeben und am Schluß den gehackten Dill.

4. Den Wein abkühlen lassen und erst dann über die Forellen gießen. Die Mayonnaise mit Fondue-Relish vermischen und als dicken Streifen über die Forellen ziehen.
5. Mit Zitronenscheiben und Paprikastreifen garnieren.
(Foto Seite 55)

Kaviareier

Für 12 Stück

6 hartgekochte Eier
100 g weiche Butter
1 TL Sardellenpaste
Salz
frisch gemahlener weißer Pfeffer
1 Glas deutscher schwarzer Kaviar (50 g)
1 Glas Keta-Kaviar (50 g)

1. Die Eier pellen und halbieren. Die Eigelbe durch ein Sieb in eine Schüssel streichen.
2. Die Butter und die Sardellenpaste dazugeben, gut miteinander verrühren und mit Salz und Pfeffer abschmecken.
3. Die Masse in einen Spritzbeutel mit mittelgroßer Sterntülle füllen und je eine Rosette auf ein halbes Ei spritzen. Mit ½ Teelöffel schwarzem Kaviar und Keta-Kaviar garnieren. Dazu paßt frisches Weißbrot.
(Foto Seite 54: unten)

Heringssalat

Für 4–6 Portionen

4 küchenfertige Salzheringsfilets
½ l Buttermilch
125 g gekochte Möhren
150 g gekochter Staudensellerie
1 kleine grüne Peperoni
1 kleine rote Chilischote
100 g Quark
150 g Joghurt
4 EL Weinessig
1 EL Olivenöl
1 Kästchen Kresse

1. Die Heringsfilets 10 Stunden in der Buttermilch ziehen lassen.
2. Danach gut mit kaltem Wasser abspülen und in feine Streifen schneiden.
3. Das Gemüse ebenfalls kleinschneiden, mit den Heringstreifen vermischen.
4. Quark, Joghurt, Essig und Öl mit einem Schneebesen gut verrühren und mit dieser Sauce den Salat anmachen.
5. Die Kresse waschen und ausschütteln. Die gefüllten Eier auf einer Platte anrichten. In die Mitte die Kresse legen und den Heringssalat darauf anrichten. Dazu Vollkornbrot und Butter reichen.
(Foto Seite 54: oben)

Meeresfrüchte in Rieslinggelee

Für 6 Portionen

500 g Brokkoli, in Röschen
500 g weißer Spargel
200 g junge Erbsen
4 Tomaten
24 Miesmuscheln
470 g frische Krevetten (oder 200 g gekochte und ausgelöste Krevetten)
4 sehr kleine Tintenfische
1/4 l Fischfond (Instant)
150 ml trockener Riesling
5 Blatt Gelatine
Salz, gemahlener Pfeffer
Zucker

1. Das Gemüse putzen, gegebenenfalls schälen und kleinschneiden, getrennt kurz in Salzwasser kochen, es sollte noch knackig sein. In Eiswasser abschrecken.
2. Die Tomaten oben einritzen, kurz in kochendes Wasser geben und die Haut abziehen. Die Kerne und den Stielansatz entfernen und das Fruchtfleisch in Würfel schneiden.
3. Die Miesmuscheln kurz dämpfen, aus den Schalen nehmen. Die Krevetten in Salzwasser aufkochen, maximal 2 Minuten darin ziehen lassen, dann aus den Schalen brechen. Die Tintenfische putzen, in Streifen schneiden und eine Minute in kochendes Salzwasser geben.
4. Den Fischfond aufkochen, die mit Riesling eingeweichte Gelatine zugeben und mit Salz, Pfeffer und etwas Zucker abschmecken, kühl stellen.
5. Krevetten, Muscheln und Tintenfische mit dem Gemüse auf einer großen Platte verteilen, mit dem abgekühlten Rieslinggelee überziehen und auskühlen lassen.
(Foto Seite 56)

Jakobsmuscheln mit grünem Spargel

Für 4 Portionen

12 frische Jakobsmuscheln
32 Stangen grüner Spargel
3 EL Sherryessig
Salz, Pfeffer
8 EL Traubenkernöl
2 EL feingehackter Dill
etwas Mehl
3 EL Olivenöl
4 Zweige Dill

1. Die Jakobsmuscheln öffnen, putzen, unter kaltem Wasser waschen, trockentupfen, den Rogen abtrennen, Muskelfleisch in 2 Scheiben schneiden.
2. Den grünen Spargel putzen, schälen und in etwa 12 cm lange Stücke schneiden. Dann in kochendem Salzwasser etwa 3 Minuten blanchieren, in Eiswasser abschrecken.
3. Den Sherryessig mit Salz und Pfeffer verrühren und das Traubenkernöl dazugeben. Den Dill unterziehen, den Spargel mit etwas Marinade mischen.
4. Das Muskelfleisch und den Rogen leicht salzen, mit etwas Mehl bestäuben und im Olivenöl etwa eine Minute braten.
5. Grünspargel und Muscheln anrichten, mit der Marinade beträufeln, mit dem Dill garnieren.
(Foto Seite 57: links)

Geräucherte Muscheln

Für 4 Portionen

2 Dosen geräucherte Muscheln
1 EL Muschelsauce
5 EL Tomatenketchup
5 EL Mayonnaise
2 EL Madeirawein
1 EL gehackter Dill
1 TL gehackte Petersilie
1 TL geriebener Meerrettich
1 Msp. Cayennepfeffer
½ Teelöffel Selleriesalz
½ Bund Petersilie

1. Die Muscheln aus der Dose nehmen und ablaufen lassen.
2. Einen Eßlöffel von der Sauce abnehmen und diesen mit dem Tomatenketchup, der Mayonnaise und dem Madeirawein verrühren.
3. Dill, Petersilie, Meerrettich, Cayennepfeffer und Selleriesalz dazugeben und alles zusammen zu einer würzigen Sauce vermengen.
4. Die Muscheln auf einer Platte anrichten, mit der Sauce überziehen und mit Petersilie garnieren.

Krevetten mit Olivenöl

Für 4 Portionen

1 kg Krevetten oder frische Nordseekrabben
ca. 4 EL Olivenöl
Zitronensaft
Salz
frisch gemahlener Pfeffer
8 Herzen von Kopfsalat oder Friséesalat

1. Die Krevetten oder Krabben in Salzwasser kurz aufkochen und etwa eine Minute ziehen lassen, dann auf ein Sieb schütten und aus den Schalen brechen.
2. Die Salatherzen putzen und waschen. Auf einer Platte anrichten. Die Krevetten daraufgeben, mit Olivenöl und Zitronensaft beträufeln und mit Salz und Pfeffer bestreuen.
(Foto Seite 57: rechts)

Pasteten, Terrinen und Sülzen

Auch wenn es etwas aufwendiger ist, Pasteten, Terrinen oder Sülzen zuzubereiten, sollten Sie doch einmal einen Versuch wagen. Das Tolle dabei ist, daß Sie sie ganz in Ruhe mindestens einen Tag vor dem Verzehr zubereiten können, denn Pasteten und Terrinen entfalten ihren vollen Geschmack erst, wenn sie gut durchgezogen sind. Hübsch garniert und mit verschiedenen Saucen serviert, bereichern sie jedes kalte Buffet, eignen sich aber ebenso für einen Abendimbiß im Familien- oder Freundeskreis.

Foto 1

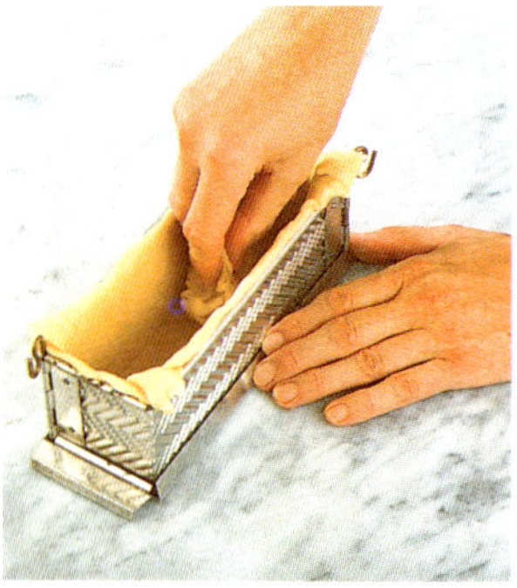

Foto 2

Foto 3

Foto 4

Wildpastete

Für 15 Portionen

Teig:

400 g Weizenmehl
2 Eigelb
150 g Butter oder Margarine
Salz

Füllung:

110 g Wildfleisch (Reh, Hirsch oder Hase)
110 g Schweinefleisch
200 g fetter, grüner Speck
Pastetengewürz , Salz
weißer Pfeffer
6 fein zerstoßene Wacholderbeeren
1 TL abgeriebene Schale einer unbehandelten Orange
250 g Wildrückenfilet
2 TL Öl
4 cl Weinbrand
80 ml Wildfond (Fertigprodukt)
5 zerdrückte Wacholderbeeren
1 Knoblauchzehe
80 g gepökelte, gekochte Zunge
80 g grobgehackte Pistazien

Außerdem:

1 Eigelb
1 EL Sahne
300 g Madeiragelee (S. 98)

1. Das Mehl in eine Schüssel sieben und in die Mitte eine Mulde drükken. Die Eigelbe, etwas Salz, 4–5 Eßlöffel Wasser und die weiche Butter hineingeben.
2. Alle Zutaten rasch zu einem glatten Teig verkneten, ihn zu einer Kugel formen und in Klarsichtfolie wickeln. Den Teig für etwa eine Stunde kühl stellen.
3. Das Wild- und das Schweinefleisch sowie den Speck in kleine Stükke schneiden. Im Kühlschrank dann etwa eine Stunde gut durchkühlen lassen.
4. Das Fleisch und den Speck getrennt mit Pastetengewürz, Salz, Pfeffer, Wacholderbeeren und Orangenschale kräftig würzen. Das Fleisch in der Küchenmaschine fein zerkleinern, dann erst die Speckwürfel in kleinen Mengen mit der Küchenmaschine darunterrühren.
5. Das Wildrückenfilet (es sollte um 2 cm länger sein als die Form) mit Salz und Pfeffer kräftig würzen. Im heißen Öl rundherum 2 Minuten in einer Pfanne anbraten. Zum Abtropfen und Auskühlen auf ein Gitter legen.
6. Das Öl aus der Pfanne gießen, den Bratensatz mit dem Weinbrand ablöschen. Den Wildfond dazugießen, die Wacholderbeeren sowie den zerdrückten Knoblauch dazufügen und sirupartig einkochen lassen. Den Fond nun durch ein feines Sieb passieren und das Rückenfilet darin wenden.
7. Die Pökelzunge würfeln und zusammen mit den Pistazien unter die Farce arbeiten.
8. Die Form mit der Butter ausstreichen. Den Pastetenteig etwa 4 mm dick ausrollen. Die Größe der Form (Boden, Seitenwände und Deckel) darauf markieren und den Teig mit einem Teigrädchen ausschneiden (Foto 1).
9. Den Teig leicht mit Mehl bestäuben, zusammenfalten und in die Form legen. Nun wieder auseinanderklappen und mit einem bemehlten Teigrest fest am Boden und an den Seitenwänden andrücken (Foto 2). In den Ecken den Teig mit dem Daumen so weit ausdrücken, daß er danach überall gleich dick ist. Den überstehenden Rand bis auf 2 cm abschneiden.
10. Etwa die Hälfte der Farce in die Form füllen. In die Mitte das Filet mit dem Jus drücken. Mit der restlichen Farce zustreichen. Die Pastetenform mehrmals auf ein feuchtes, dickes Tuch stoßen, damit die Luft in der Farce entweicht.
11. Den Backofen auf 250° C vorheizen. Das Eigelb mit der Sahne mi-

schen. Die überstehenden Teigränder über die Farce legen und mit dem Ei-Sahne-Gemisch einpinseln. Den Teigdeckel darauflegen und mit einem Löffelstiel oder einem Messer fest andrücken. Auch die überstehenden Ränder gut andrücken.

12. Mit einem kleinen runden Ausstecher 2 Löcher aus dem Deckel stechen. Die Oberfläche mit der Ei-Sahne-Mischung bestreichen. Zwei Teigringe ausstechen und um die Öffnungen legen. Die Pastete mit den Teigresten verzieren (Foto 3) und nochmals mit der Eimischung bestreichen.

13. Die Pastete ¼ Stunde bei 250° C im vorgeheizten Backofen anbacken, dann bei 200° C eine weitere ½ Stunde backen.

14. Die Pastete in der Form erkalten lassen. Solange die Pastete noch in der Form ist, sie durch die Öffnungen mit dem flüssigen, aber kalten Madeiragelee ausgießen, um die beim Backen entstandenen Hohlräume auszufüllen (Foto 4). Zum Festwerden wieder kalt stellen.

(Foto Seite 61)

Schweinefilet-pastete

Für 6–8 Portionen

1 P. TK-Blätterteig (300 g)
750 g gemischtes Hackfleisch
3 Eier, 2 EL scharfer Senf
1 EL grüne Pfefferkörner
1 EL getrockneter Majoran
1 Msp. Cayennepfeffer
1 TL Salz
1 EL geriebene Zitronenschale
1 TL Pastetengewürz
4 cl Weinbrand
1 Bund Petersilie

Außerdem:
2 EL Olivenöl
1 Schweinefilet
Salz, weißer Pfeffer
100 g grüner Speck, in dünne Scheiben geschnitten
1 Dose Champignonköpfe

1. Den Blätterteig auftauen lassen, auf einer bemehlten Arbeitsfläche ausrollen und eine Pastetenform damit füllen. Ein passendes Stück für den Deckel zurückbehalten.

2. Das Hackfleisch 2mal durch die feine Scheibe des Fleischwolfs drehen. In eine Schüssel geben, mit den Eiern, dem Senf und den Gewürzen zu einer kompakten Masse verarbeiten. Den Weinbrand und die gehackte Petersilie untermischen.

3. Die Hälfte der Masse gleichmäßig in die Pastetenform verteilen.

4. Das Öl in einer Pfanne erhitzen und das gesalzene und gepfefferte Schweinefilet darin rundherum anbraten. Herausnehmen, in die Speckscheiben wickeln und in die Pastetenform geben.

5. Die abgetropften Champignonköpfe darauf verteilen und mit der restlichen Fleischmasse abdecken.

6. Mit dem zurückbehaltenen Blätterteig verschließen und im auf 200° C vorgeheizten Backofen 45 Minuten garen.

(Foto Seite 58/59)

Geflügelleberterrine

Für 6 Portionen

750 g Geflügelleber
2 Zwiebeln
500 g frische Champignons
125 g Frühstücksspeck
1 TL Thymian
1 TL zerdrückte Pfefferkörner
1 TL zerdrückte Wacholderbeeren
Paprikapulver
Koriander
Salz, 100 g Weißbrot
2 Eier
1 Bund Petersilie
500 g Kalbsbrät
8 Kumquats

Außerdem:
Lorbeerblätter
Wacholderbeeren
Rosmarinnadeln

1. Die Lebern säubern und klein schneiden.
2. Die Zwiebeln schälen, die Champignons putzen und beides fein hacken.
3. Den Speck in kleine Würfel schneiden und in einer Pfanne anbraten.
4. Leber, Zwiebeln, Thymian, Pfefferkörner und Wacholderbeeren dazugeben und eine Minute anbraten. Mit Paprikapulver, Koriander, Salz würzen.
5. Die Masse aus der Pfanne nehmen und die Champignons darin trockendünsten und unter die Leber mischen.
6. Das Brot einweichen, ausdrücken und mit den Eiern, der gehackten Petersilie und dem Bratwurstbrät mischen.
7. Den Boden einer Terrinenform mit Lorbeerblättern, Wacholderbeeren und Rosmarinnadeln dekorativ auslegen und lagenweise Brät, Kumquats und die Geflügelleber einfüllen.
8. Bei 180° C in einer mit Wasser gefüllten Fettpfanne im Backofen etwa 55 Minuten garen.
9. Die Terrine auskühlen lassen und vorsichtig auf eine Platte stürzen.

Ententerrine

Für 8 Portionen

250 g durchwachsener Speck
2 EL Butter oder Margarine
1 mittelgroße Möhre
2 mittelgroße Zwiebeln
1/4 Sellerieknolle
1 Petersilienwurzel
1 küchenfertige Ente (ca. 1,5 kg)
1 Lorbeerblatt
1/4 l Fleischbrühe
1/4 l trockener Weißwein
Salz
schwarzer Pfeffer
500 g Kalbfleisch aus der Schulter
Cayennepfeffer
1 TL abgeriebene Zitronenschale (unbehandelt)
1 EL Weinbrand
1/2 TL gekörnte Brühe
50 g frische Champignons
1 Eigelb

1. 50 g Speck würfeln und in einem großen Topf ausbraten. Die Butter dazugeben und das geputzte und in Würfel geschnittene Gemüse unter Rühren 5 Minuten dünsten.
2. Die Ente waschen, mit Küchenkrepp trockentupfen, in den Topf geben und ringsherum ca. 10 Minuten kräftig anbraten. Das Lorbeerblatt und die heiße Fleischbrühe zufügen. Nach und nach den Wein zugießen und mit Salz und Pfeffer würzen. Im geschlossenen Topf ca. 90 Minuten schmoren lassen.

3. Inzwischen das Kalbfleisch und 100 g Speck möglichst zweimal durch den Fleischwolf drehen, dann mit Salz, Cayennepfeffer, Zitronenschale, Weinbrand und gekörnter Brühe würzen.
4. Die gegarte Ente aus dem Topf nehmen und abkühlen lassen. Die Haut abziehen, die Knochen entfernen und das Fleisch in große Stücke teilen.
5. Den Rest des Specks in dünne Scheiben schneiden, mit der Hälfte eine Pastetenform auslegen. Abwechselnd zuerst die Kalbfleischfarce, dann die Entenfleischstücke und die in dicke Scheiben geschnittenen Champignons hineinlegen, mit der Fleischfarce abdecken.
6. Die Oberfläche mit Eigelb bestreichen und mit den restlichen Speckscheiben belegen. Die Form abdecken und auf der mittleren Schiebeleiste in dem auf 200° C vorgeheizten Backofen ca. 75 Minuten backen.
(Foto Seite 63)

DER GUTE TIP

Servieren Sie die Terrine mit gedünsteten Weißkohl- und Wirsingstreifen sowie kleingewürfelten Paprikaschoten.

Kalbfleischterrine

Für 6 Portionen

400 g Kalbfleisch
150 g Schweinefleisch
100 g roher Schinken
2 Eier
1 frische oder eingelegte Trüffel
frisch gemahlener schwarzer Pfeffer
1 Msp. geriebene Muskatnuß
Salz
2 cl Brandy oder Cognac
150 g Schinkenspeck in dünnen Scheiben

Außerdem:
1 hartgekochtes Ei
50 g kandierte Kirschen

1. Das Fleisch und den Schinken zweimal durch den Fleischwolf drehen. Die Eier verquirlen und mit dem Fleisch mischen.
2. Die Trüffel klein schneiden, zu dem Fleischteig geben und ihn mit Pfeffer, Muskatnuß und Salz kräftig abschmecken. Zum Schluß den Cognac hinzufügen.
3. Den Backofen auf 220° C vorheizen. Eine Kastenform mit den Schinkenspeckscheiben auslegen und die Terrinenmasse hineingeben. Die Form in die mit Wasser gefüllte Fettpfanne stellen und die Terrine etwa eine Stunde garen.
4. Die Form aus dem Ofen nehmen, mit Alufolie abdecken und die Terrine im Kühlschrank erkalten lassen.
5. Zum Servieren die Terrine in Scheiben schneiden. Das Ei pellen und ebenfalls in Scheiben schneiden. Die Terrine mit dem Ei und den Kirschen garnieren.
(Foto Seite 62)

Gemüsesülze mit Paprikasauce

Für 6 Portionen

1 Karotte
¼ Sellerieknolle
½ Stange Lauch
1 l Gemüsebrühe
80 g Spinatblätter
100 g Schafskäse
25 g Aspikpulver
je ½ rote, grüne und gelbe Paprikaschote
Salz
3 EL Crème fraîche
¼ Kopf Lollo rosso
1 TL gerösteter Sesam

1. Die Karotte und den Sellerie schälen und in ½ Zentimeter dicke Streifen schneiden. Den Lauch putzen, waschen und in Streifen schneiden.
2. Das Gemüse in 100 ml Gemüsebrühe einige Minuten bißfest kochen und abtropfen lassen.
3. Den Spinat von den Stielen befreien, waschen, vorsichtig blanchieren und in Eiswasser kurz abschrecken.
4. Den Schafskäse in etwa 1 x 1 Zentimeter dicke Streifen schneiden, in sechs Portionen teilen und diese jeweils in Spinatblätter einrollen.
5. Aus der restlichen Gemüsebrühe und dem Aspikpulver nach Packungsanweisung eine Gelierflüssigkeit zubereiten und abkühlen lassen.
6. Den Boden einer Kastenform mit einer dünnen Geleeschicht ausgießen und diese gut fest werden lassen. Die Kastenform auf die Seite legen und die Seitenwand ebenfalls mit einer dünnen Geleeschicht überziehen und diese stocken lassen. Diesen Vorgang mit der anderen Seitenwand wiederholen.
7. Den Formboden nun mit der Hälfte der Gemüsestreifen dekorativ auslegen und diese mit einer Geleeschicht bedecken.
8. Den Gelee fest werden lassen und nun die Käseröllchen darauflegen. Abermals mit Gelierflüssigkeit überziehen und fest werden lassen.
9. Die restlichen Gemüsestreifen daraufgeben und die übrige Gelierflüssigkeit angießen. Die Sülze abdecken und in den Kühlschrank stellen.
10. Die Paprikaschoten putzen und zum Ablösen der Haut auf einem Blech in den heißen Ofen geben. Sobald die Haut Blasen wirft, diese abziehen.
11. Nun die drei Paprikasorten getrennt pürieren, mit Salz würzen und mit jeweils einem Eßlöffel Crème fraîche verrühren.
12. Die Sülze aus der Form stürzen, diese dazu eventuell kurz in heißes Wasser tauchen. Die Sülze in fingerdicke Scheiben schneiden und auf den Paprikasaucen anrichten.
13. Den Lollo rosso waschen, putzen und abtropfen lassen. Die Platte damit dekorieren und alles mit Sesam bestreuen.
(Foto Seite 65: links)

Sülze von Waldpilzen mit Zucchiniquark

Für 4 Portionen

60 g Pfifferlinge
60 g Austernpilze
60 g Champignons
60 g Shiitake-Pilze
400 ml Gemüsebrühe
Salz
frisch gemahlener Pfeffer
1 kleine Karotte
½ Stange Lauch
2 EL gehackte Petersilie
5 Blatt weiße Gelatine
120 g Magerquark
¼ Zucchino
¼ Kopf Friséesalat
1 Msp. Paprikapulver

1. Die Pilze putzen, kurz waschen und mit Küchenpapier trockentupfen. In Scheiben oder in Stücke schneiden und in einem Topf mit wenig Gemüsebrühe andünsten. Mit Salz und Pfeffer würzen und auskühlen lassen.
2. Die Karotte und den Lauch putzen, waschen, in kleine Würfel schneiden und in etwas Gemüsebrühe bißfest dünsten und auskühlen lassen.
3. Die gehackte Petersilie mit den kalten Pilzen und dem Gemüse mischen.
4. Die Gelatine in kaltem Wasser einweichen.
150 ml Gemüsebrühe erwärmen, die Gelatine ausdrücken und in der warmen Gemüsebrühe auflösen. Den Topf vom Herd nehmen, die restliche kalte Gemüsebrühe dazugeben und alles gut verrühren.
5. Eine Kastenform (1 l Inhalt) mit der Pilz-Gemüse-Kräuter-Mischung füllen, die Gelierflüssigkeit darübergießen, abdecken und kalt stellen.
6. Den Quark mit dem Rührgerät cremig schlagen und mit Salz und Pfeffer abschmecken.
7. Den Zucchino waschen, in feine Streifchen schneiden und diese unter den Quark heben. Den Salat putzen, waschen, trockenschleudern und auf einer Platte auslegen.
8. Die Waldpilzsülze auf die Platte stürzen, dazu die Form eventuell kurz in heißes Wasser tauchen. Die Sülze in etwa fingerdicke Scheiben schneiden.
9. Mit einem Löffel vom Zucchiniquark Nocken abstechen, diese anlegen und mit etwas Paprikapulver bestreuen.
(Foto Seite 65: rechts)

Bunte Käseplatten

Ob als pikantes Dessert, als Snack am Abend zu Wein und Bier oder als Teil des kalten Buffets, kleine und große Käseplatten ziehen immer die Aufmerksamkeit auf sich. Dabei sind sie schnell und einfach zuzubereiten. Auf einem schönen Holzbrett angerichtet und mit Früchten, Gemüse oder Kräutern garniert, können Sie die verschiedensten Käsesorten servieren. Nach welchen Kriterien Sie die Käseauswahl treffen, bleibt Ihrem Geschmack überlassen. Es empfiehlt sich aber auf jeden Fall, sowohl milden als auch scharfen Käse anzubieten, denn jeder Gast hat seine besonderen Vorlieben.

Deftige Käseplatte

Für 4–6 Portionen

300 g Emmentaler Käse
2 Scheiben Korbkäse
1 Limburger Käse
1 Harzer Käse
1 kleiner Munsterkäse
2 kleine Mainzer Käse
1 Camembert
1 kleine Zwiebel
je 2 EL gehackte Petersilie und geschnittener Schnittlauch
2 cl Kirschwasser
1 Msp. gemahlener Kümmel
frisch gemahlener Pfeffer
einige Salatblätter
2 Tomaten

Außerdem:
1 Paprikaschote
1 kleine Tüte Salzbrezeln
Cracker
1 Bund Radieschen
Zahnstocher
Weintrauben
Kräuter

1. Den Emmentaler am Stück auf einer Holzplatte anrichten.
2. Den Korbkäse, den Limburger, den Harzer, den Munster und den Mainzer dekorativ auf die Platte legen.
3. Den Camembert mit einer Gabel zerdrücken. Die Zwiebeln fein hacken und mit den Kräutern, dem Kirschwasser und dem Kümmel zum Käse geben, gut vermischen und mit Pfeffer würzen.
4. Die Käsemasse auf den gewaschenen und getrockneten Salatblättern anrichten und mit Tomatenachteln abgrenzen.
5. In die Paprikaschote Zahnstocher stecken und die Salzbrezeln darauf anrichten.
6. Diesen Blickfang auf die Platte setzen und mit Crackern, Radieschen, Weintrauben und Kräuterzweigen garnieren.
(Fotos Seite 66/67 und 68)

Schnittlauchquark

Für 8 Portionen

2 Bund Schnittlauch
750 g Quark
100 g Sahne
Salz
frisch gemahlener Pfeffer

Zum Garnieren:
einige Salatblätter
200 g Kirschtomaten

1. Den Schnittlauch waschen und in kleine Röllchen schneiden.
2. Den Quark mit der Sahne mit einem Schneebesen glattrühren. Dann den

Schnittlauch dazugeben, mit Salz und Pfeffer würzen.

3. Die Salatblätter waschen und eine Glasschüssel damit auslegen.

4. Den angemachten Quark in die Schüssel füllen, glattstreichen und mit einem gezahnten Teigschaber ein Muster einziehen.

5. Die Kirschtomaten vom Stielansatz befreien und waschen. Den Schüsselrand mit den Kirschtomaten ausgarnieren.

Bayerische Käsebrotzeit

Für 4 Portionen

100 g weiche Butter
125 g durchgereifter Camembert 45 % F. i. Tr.
1 EL Crème fraîche
1 kleine Zwiebel
½ Bund Radieschen
frisch gemahlener schwarzer Pfeffer
Salz
100 g Emmentaler am Stück
100 g Romadur 60 % F. i. Tr. am Stück
100 g Butterkäse am Stück
1 TL Paprikapulver edelsüß
1 TL Kümmel
1 Würfel Weißlacker (62,5 g)
1 TL Schnittlauchröllchen
100 g sehr kalte Butter

Zum Garnieren:
krause Petersilie

1. Die weiche Butter schaumig rühren. Den Camembert mit einer Gabel zerdrücken und mit der Crème fraîche unter die Butter rühren.

2. Die Zwiebel schälen und sehr fein hacken. Die Radieschen waschen und putzen. 2 Stück für die Garnitur beiseite legen, die restlichen in feine Stifte schneiden.

3. Zwiebel und Radieschen in die Käsecreme einrühren und diese mit Pfeffer und Salz pikant würzen. Die Creme in ein Schälchen füllen.

4. Den Emmentaler auf ein rundes Holzbrett plazieren. Den Romadur von der schmalen Seite her zur Hälfte in Scheiben schneiden. Die Scheiben und das verbleibende Stück links neben den Emmentaler legen. Davor die Camembertcreme stellen.

5. Den Butterkäse in 3 dicke Balken schneiden. Das Paprikapulver und den Kümmel getrennt auf 2 Teller streuen und je einen Käsebalken hineindrücken.

6. Beide gewürzte Käsestücke mit dem dritten dachziegelartig vorn auf das Brett legen.

7. Den Weißlacker diagonal halbieren, die Schnittflächen in die Schnittlauchröllchen tauchen und beide Käsehälften in die Mitte des Brettes legen.

8. Mit einem Kugelausstecher aus der kalten Butter Kugeln herauslösen. Den Ausstecher dabei zwischendurch immer in Wasser tauchen. Die Butterkugeln und einige Petersiliensträußchen an den rechten Rand des Brettes legen.

(Foto Seite 69)

DER GUTE TIP

Servieren Sie dazu salzige Butter und verschiedene Partybrötchen, die Sie kurz vorher nochmal aufgebacken haben, so daß sie noch warm sind.

Kleine Käseplatte

Für 4 Portionen

3 schöne Blätter Eichblatt- oder roter Kopfsalat
4 Tête-de-Moine-Blüten
½ kleine Cantaloupemelone (250 g)
½ größerer, runder Camembert 45 % F. i. Tr. (100 g)
100 g Chaumes am Stück
150 g Tilsiter in Scheiben
4 Scheiben Emmentaler
2 frische Feigen
100 g Bel Paese am Stück

1. Die Salatblätter waschen, trockenschleudern und an den hinteren Rand einer ovalen Platte legen. Die Tête-de-Moine-Büten darauf setzen.
2. Aus der Melone die Kerne herausschaben und aus dem Fruchtfleisch mit einem Kugelausstecher kleine Kugeln ausstechen. Sie auf den Salat setzen.
3. Den Camembert halbieren. Die Stücke links und den Chaumes rechts neben den Salat plazieren.
4. Die Tilsiterscheiben in Rauten schneiden, die Emmentalerscheiben diagonal halbieren. Die Feigen waschen und in dünne Scheiben schneiden.
5. Die Käse- und die Feigenscheiben getrennt dachziegelartig auf der Platte anordnen.
6. Den Bel Paese kleinwürfeln und an die Plattenränder legen.
(Foto Seite 70)

Bunte Schnittkäseplatte

Für 6–8 Portionen

1 Kopf Friséesalat
16 Tête-de-Moine-Blüten (siehe unten)
8 Salzbrezeln
1 runder Bresso mit grünem Pfeffer (200 g)
je 8 gleich große Scheiben Holländischer Edamer, Englischer Cheddar, Trappistenkäse und Emmentaler
6 kleine, feste Tomaten

1. Den Salat verlesen, die Blätter waschen und trockenschleudern. Sie entlang der beiden langen Seiten und auf der Mittellinie einer großen, rechteckigen Platte auslegen.
2. Je zwei Tête-de-Moine-Blüten in die Löcher einer Salzbrezel stecken und die 8 Brezeln auf das mittlere Salatblatt legen.
3. Den Bresso achteln und jeweils 4 Stücke rechts und links neben das mittlere Salatblatt legen.
4. Die Käsescheiben, nach Sorten getrennt, sich überlappend in Reihen auf die Platten legen.
5. Aus den Tomaten Röschen herstellen und sie jeweils zwischen die Bressostücke legen.
(Foto Seite 71)

DER GUTE TIP

Um Tête-de-Moine-Blüten zu erhalten, benötigt man ein spezielles Gerät – die Girolle (im Küchenfachhandel und in Käsefachgeschäften erhältlich): Man schneidet vom Käse einen Deckel ab, durchbohrt den Käse mit dem Stift, setzt ihn auf ein Brett, steckt das Schabemesser auf und kann dann dünne Scheiben abschaben.

Französische Käseplatte

Für 4 Portionen

4 Mini-Babybel
100 g Le Carré (quadratischer Weichkäse mit Weißschimmel) am Stück
100 g Roquefort am Stück
150 g Comté am Stück
einige Weinblätter
4 Spießchen
2 Kirschtomaten
2 grüne gefüllte Oliven
100 g grüne oder rote Weintrauben
1 Birne
100 g Saint Albray

1. Von den Mini-Babybels die Wachsschicht oben und unten wie ein Dreieck einschneiden und dann seitlich die Wachshüllen entfernen.
2. Anschließend den Carré in Scheiben, den Roquefort in Würfel und den Comté in fingerdicke Balken schneiden.
3. Eine runde oder ovale Platte mit den Weinblättern belegen. 2 Spießchen mit je einem Roquefortwürfel und einer Kirschtomate und 2 weitere Spießchen mit je einem Roquefortwürfel und einer Olive bestücken.
4. Die Spießchen vorn auf der Platte anordnen, die restlichen Roquefortwürfel und die gewaschenen Trauben daneben legen.
5. Dahinter die Mini-Babybels und die Carréscheiben arrangieren.
6. An den hinteren Rand der Platte das Stück Saint Albray und die Comtébalken plazieren.
7. Die Birne waschen, vierteln, das Kerngehäuse entfernen und die Viertel wiederum in schmale Spalten schneiden. Diese fächerförmig neben den Saint Albray legen.

DER GUTE TIP

Beim Einkauf von Weichkäsen den Reifegrad an der Schnittstelle oder bei kleinen Sorten per Druckprobe prüfen. Die Käse sollten gleichmäßig durchgereift sein. Starker Ammoniakgeruch zeugt von Überlagerung.

Käsekugeln mit Mandeln

Für 15–20 Stück

400 g Doppelrahm-Frischkäse
1 EL Crème fraîche
2 Schalotten
1 Knoblauchzehe
1 Bund Petersilie
1 Msp. Cayennepfeffer
Salz
frisch gemahlener weißer Pfeffer
Mandelblättchen

1. Den Frischkäse mit der Crème fraîche zu einer cremigen Masse verrühren.
2. Die Schalotten schälen, fein hacken und hinzufügen. Die Knoblauchzehe schälen und durch die Presse dazudrücken.
3. Die Petersilie abspülen, die Blättchen von den Stengeln zupfen, fein hakken und dazugeben. Alles sehr gut mischen und mit Cayennepfeffer, Salz und Pfeffer kräftig würzen.
4. Nochmals gut mischen und mit angefeuchteten Händen aus der Masse etwa kastaniengroße Kugeln formen. Diese vorsichtig in Mandelblättchen wälzen und auf eine Platte setzen.
(Foto Seite 72)

Italienischer Käseteller

Für 4–6 Portionen

150 g Bel Paese am Stück
150 g Fontal am Stück
150 g Taleggio am Stück
150 g blaue und grüne Weintrauben
150 g junger Provolone picante am Stück
150 g Pecorino picante am Stück

1. Den Bel Paese und den Fontal in jeweils 2 schmale Ecken schneiden. Den Taleggio quer in 4 gleich große Stücke teilen.
2. Den Käse auf einer runden Platte im Uhrzeigersinn anordnen: Zunächst die gewaschenen Weintrauben in die Plattenmitte legen. Die Bel-Paese-Ecken nebeneinander an den Rand legen, dann die beiden Fontalecken daneben plazieren.
3. Den Provolone und die 4 Taleggiostücke sich leicht überlappend daneben legen. Den Kreis dann mit dem Pecorinostück schließen.

Eingelegter Schafskäse

Für 4 Portionen

800 g Schafskäse
3 Knoblauchzehen
5 Schalotten
1 Zweig Thymian
1 Zweig Rosmarin
3 Lorbeerblätter
1 TL bunte Pfefferkörner
½ l Sonnenblumenöl
¼ l Olivenöl
1 Lollo rosso

1. Den Schafskäse in Scheiben schneiden und in eine Glasform legen.
2. Die Knoblauchzehen schälen und längs halbieren. Die Schalotten schälen, große halbieren, das Grün entfernen. Den Thymian und Rosmarin zwei- bis dreimal durchbrechen.
3. Die Knoblauchzehen, die Schalotten, den Thymian, den Rosmarin und die Lorbeerblätter sowie die Pfefferkörner über den Käse streuen. Anschließend mit den beiden Ölsorten auffüllen.
4. Den Käse etwa 4 Wochen luftdicht verschlossen lagern.
5. Den Lollo rosso putzen, waschen und damit den Rand einer Platte auslegen. Die Käsescheiben darauf anrichten. Anschließend die Marinade mit den eingelegten Aromen darübergießen.
(Foto Seite 73)

Gemüse und Dips

Gemüseplatten sind eine willkommene Alternative, aber auch eine sinnvolle Ergänzung zu Fleisch-, Wurst- und Fischplatten. Das nur kurz blanchierte oder rohe Gemüse kann mit den verschiedensten Dips serviert werden. Tomaten, Gurken, Zwiebeln, Auberginen und Zucchini können Sie, nachdem Sie sie ausgehöhlt haben, mit pikanten oder deftigen Füllungen servieren.

Feine Gemüseplatte

Für 4 Portionen

1 mittelgroßer Zucchino
1 kleine Salatgurke
4 Tomaten
8 Artischockenböden aus dem Glas
Salz
frisch gemahlener weißer Pfeffer

Zucchinifüllung:
80 g gekochter Vorderschinken
80 g Emmentaler Käse
1 Gewürzgurke
1 kleine Chicoréestaude
1 Zwiebel
4 EL Olivenöl
4 EL Weißwein
4 EL Essig
1 EL mittelscharfer Senf
1 Prise Zucker

Tomatenfüllung:
1 kleine Dose Mais
1 kleine Dose Erbsen
2 EL süß-saures Paprikagemüse
4 EL Mayonnaise
6 EL Joghurt
2 EL Essig
2 cl Weinbrand
1 Prise Zucker

Gurkenfüllung:
150 g Krabben
1 kleine Dose Champignons
Saft von 1 Zitrone
1 Prise Zucker
½ Bund Petersilie

Artischockenfüllung:
200 g Doppelrahm-Frischkäse
2 EL Crème fraîche
1 EL abgeriebene Zitronenschale (unbehandelt)
1 Prise Cayennepfeffer
1 Prise Zucker
2 EL deutscher Kaviar
2 EL Forellenkaviar

Früchtebukett:
Alufolie
Zahnstocher
Weintrauben
Erdbeeren
Kiwis
Petersilie
Kresse

1. Den Zucchino und die Salatgurke unter fließendem Wasser waschen, der Länge nach halbieren, mit einem Teelöffel die Kerne entfernen und nochmals in Hälften schneiden.
2. Von den Tomaten einen Deckel abschneiden und die Tomatenkörper mit einem Teelöffel aushöhlen.
3. Die Artischockenböden gut abtropfen lassen und das Gemüse dekorativ auf einer Platte anrichten. Mit Salz und Pfeffer würzen.
4. Für die Zucchinifüllung den Schinken, den Emmentaler, die Gurke, den geputzten Chicorée und die Zwiebel in kleine Streifen oder Würfel schneiden und alles zusammen vermischen.
5. Das Olivenöl mit dem Weißwein, dem Essig und dem Senf glattrühren, mit Salz, Pfeffer und Zucker abschmecken und den Salat damit anmachen.
6. Für die Tomatenfüllung das Gemüse abtropfen lassen und miteinander vermischen.
7. Die Mayonnaise, den Joghurt, den Essig und

den Weinbrand miteinander glattrühren, mit Salz, Pfeffer und Zucker abschmecken und den Salat damit anmachen.

8. Für die Gurkenfüllung die gewaschenen und gut abgetropften Krabben mit den in Scheiben geschnittenen Champignons vermischen. Mit Zitronensaft, Zucker, Salz und Pfeffer würzen und mit Petersilie bestreuen.

9. Für die Artischockenfüllung den Doppelrahm-Frischkäse mit der Crème fraîche und der Zitronenschale glattrühren, mit Salz, Pfeffer und Zucker würzen.

10. Den Doppelrahm-Frischkäse in die Artischockenböden spritzen und dann mit dem Kaviar belegen.

11. Die Salatfüllungen in die Gemüse füllen.

12. Für das Fruchtbukett die Alufolie zu einer länglichen Wurst zusammenpressen. Die Weintrauben, die Erdbeeren und die Kiwis mit Zahnstochern dekorativ daraufstecken.

13. Mit den Petersilienzweigen die noch offenen Stellen abdecken und auf der Platte anrichten. Die Kresse an den Rändern auslegen.

(Fotos Seite 74/75 und 76)

Gemüseplatte mit Vinaigrette

Für 4 Portionen

200 g Zuckerschoten
1 Zucchino
4 Karotten
2 Kohlrabi
1 Bund Radieschen
1 Bund Basilikum
100 ml Olivenöl
5 EL Sherryessig
Salz
frisch gemahlener Pfeffer
etwas krauser Blattsalat

1. Die Zuckerschoten putzen, knackig blanchieren und abtrocknen lassen.

2. Anschließend den Zucchino waschen, mit einem Buntmesser in Scheiben schneiden. Die Karotten schälen und ebenfalls mit einem Buntmesser in Scheiben schneiden. Die Kohlrabi schälen, längs halbieren und in Scheiben schneiden. Das Gemüse getrennt blanchieren.

3. Die Radieschen waschen und in nicht zu dünne Scheiben schneiden.

4. Für die Vinaigrette das Basilikum waschen, von den Stengeln zupfen und die Blätter fein schneiden. Olivenöl und Essig verrühren, mit Salz und Pfeffer würzen und das Basilikum dazugeben.

5. Am besten eine Platte mit leicht erhöhtem Rand verwenden. Den Boden der Platte mit einem Teil der Marinade einstreichen.

6. Beginnend von außen nach innen immer einen Kreis eines Gemüses auflegen. Dabei auf die Farbkontraste achten.

7. Die Mitte der Platte mit krausem Blattsalat garnieren. Die restliche Marinade mit einem Pinsel gleichmäßig auf das Gemüse auftragen.

(Foto Seite 77)

Gemüseplatte mit Dips

Für 4–6 Portionen

2 Karotten
1 kleine Salatgurke
1 mittelgroßer Zucchino
1 Bund Frühlingszwiebeln
2 Tomaten
1 Staude Chicorée
1 kleine rote und 1 kleine
grüne Paprikaschote
200 g Brokkoli
200 g Blumenkohl
Salz, gemahlener Pfeffer

1. Das Gemüse putzen, waschen und gut abtropfen lassen.
2. Die Karotten, die Salatgurke, den Zucchino und die Frühlingszwiebeln in längliche, 1 Zentimeter dicke Streifen schneiden.
3. Die Tomaten vierteln. Vom Chicorée den bitteren Kern herausschneiden und die Blätter ablösen. Die Paprikaschoten in Streifen schneiden.
4. Den Brokkoli und den Blumenkohl in Salzwasser 5 bis 10 Minuten blanchieren.
5. Gurke, Zucchino, Frühlingszwiebeln und Karotten auf einer runden Platte gegenüberliegend anrichten.
6. Die Zwischenräume mit den geputzten, gewaschenen Champignons, dem Chicorée, den Paprikaschoten und den Tomaten ausfüllen.

7. Den Brokkoli und den Blumenkohl in der Mitte anrichten.
(Foto Seite 79)

Tomatendip:

1 Becher Joghurt
2 EL Tomatenmark
Saft von 1 Zitrone
2 EL Obstessig
2 cl Sherry
1 Prise Zucker
Salz, gemahlener Pfeffer

Den Joghurt, das Tomatenmark, den Zitronensaft, den Obstessig und den Sherry glattrühren, mit Zucker, Salz und Pfeffer abschmecken.

Schnittlauchdip:

½ Tasse Mayonnaise
1 Becher Joghurt
2 Bund Schnittlauch
1 Prise Zucker
Salz, gemahlener Pfeffer

Die Mayonnaise mit dem Joghurt und dem feingeschnittenen Schnittlauch glattrühren. Mit Zucker, Salz und Pfeffer würzen.

Currydip:

½ Tasse Mayonnaise
1 Becher Joghurt
1 EL Honig
1 EL Curry
1 EL Obstessig
1 hartgekochtes Ei
Salz, gemahlener Pfeffer

Die Mayonnaise mit dem Joghurt und dem Honig glattrühren, mit Curry, Obstessig, Salz und Pfeffer abschmecken und das hartgekochte, kleingehackte Ei unter die Sauce ziehen.

Kräuterdip:

½ Tasse Mayonnaise
1 Becher saure Sahne
1 Zwiebel
je 2 EL frisch gehackte Petersilie, Kerbel, Zitronenmelisse und Dill
Saft von 1 Zitrone
einige Tropfen Worcestersauce
1 Prise Zucker
Salz, gemahlener Pfeffer

Die Mayonnaise mit der sauren Sahne, der feingehackten Zwiebel und den Kräutern glattrühren, mit Zitronensaft, Worcestersauce, Zucker, Salz und Pfeffer abschmecken.

Mais-Tomaten-Gurken-Frischkost

Für 4 Portionen

Salz
2 EL Obstessig
4 EL Olivenöl
1 Knoblauchzehe
½ Bund frische Kräuter
1 Zwiebel, fein gehackt
frisch gemahlener Pfeffer
1 Maiskolben
4 Tomaten
1 Salatgurke

1. Etwas Salz in eine Schüssel geben, mit dem Obstessig so lange verrühren, bis es sich aufgelöst hat. Das Öl dazurühren.

2. Die Knoblauchzehe schälen und fein hacken. Die Kräuter waschen und fein schneiden. Kräuter, Knoblauch und Zwiebel zur Sauce geben und mit Pfeffer abschmecken.

3. Die Maiskörner vom Kolben lösen, etwa 5 Minuten in Salzwasser blanchieren und kalt abschrecken. Die Tomaten und die Gurke waschen, den grünen Stielansatz der Tomaten entfernen und Tomaten und die Hälfte der Gurken in Würfel, den Rest der Gurken in Scheiben schneiden.

4. Das Gemüse mit der Salatsauce mischen, gut durchziehen lassen und auf einer Platte anrichten.
(Foto Seite 78)

Gefüllte Weinblätter

Für 20 Stück

30 g kleine Rosinen
2 EL trockener Sherry
150 g Schillerlocke
200 g gekochter Reis
½ Bund Schnittlauch
1 unbehandelte Zitrone
1 Ei
frisch gemahlener schwarzer Pfeffer
1 P. eingelegte Weinblätter (200 g)
⅛ l trockener Weißwein
4 EL Olivenöl

1. Die Rosinen kalt abbrausen, gut abtropfen lassen und mit Sherry beträufeln.
2. Etwa ein Drittel der Schillerlocke beiseite legen. Den übrigen Fisch klein würfeln und zu dem Reis geben. Den Schnittlauch in Röllchen schneiden.
3. Von der Zitrone etwas Schale abreiben und diese mit dem Schnittlauch zum Reis geben. Die Rosinen und das Ei ebenfalls dazugeben, alles gut mischen und mit Pfeffer abschmecken. Kein Salz dazugeben, denn die Weinblätter schmecken schon salzig.
4. Die Weinblätter gründlich unter kaltem Wasser abwaschen und auf Küchenpapier ausbreiten, eventuell trockentupfen.
5. Jeweils einen halben Eßlöffel der Reismischung auf das untere Ende eines Weinblattes geben, die Seiten nach innen einschlagen und die Blätter vom gefüllten Ende her aufrollen.
6. Die gefüllten Weinblätter eng nebeneinander in einen großen Topf legen. Den Wein, das Olivenöl und etwas Wasser angießen und alles zugedeckt etwa 30 Minuten köcheln lassen. Die Weinblätter anschließend im Kochsud abkühlen lassen.
7. Zum Anrichten die restliche Schillerlocke in dünne Scheiben und die Zitrone in kleine Stücke schneiden. Je ein Stück Schillerlocke und ein Zitronenstück mit kleinen Holzspießchen auf den Weinblättern befestigen.

Rohkostplatte mit Quarkdip

Für 4 Portionen

600 g gemischtes rohes Gemüse (Salatgurke, Möhre, Paprikaschote, Staudensellerie, Fenchel)
100 g Sahnequark
2 EL Crème fraîche
1 gehäufter TL Gemüsebrühe (Instant)
frisch gemahlener weißer Pfeffer
einige Salatblätter

1. Das Gemüse putzen, waschen und in Stifte schneiden. Den Quark mit der Crème fraîche und der Instant-Gemüsebrühe cremig rühren und mit dem Pfeffer würzen.
2. Den Quark in ein kleines Schälchen geben. Das Gemüse zusammen mit den gewaschenen Salatblättern auf einer Platte anrichten.
(Foto Seite 81: oben)

Gemischter Salat

Für 4 Portionen

¼ Eisbergsalat
2 Tomaten
¼ Salatgurke
½ Bund Radieschen
1 Frühlingszwiebel
2 EL Sahnequark
2 EL Olivenöl
Salz, gemahlener schwarzer Pfeffer
2 EL Schnittlauchröllchen

1. Den Salat in Streifen schneiden und waschen. Die Tomaten waschen, putzen und achteln. Gurke, Radieschen und Frühlingszwiebel putzen, waschen und dann in dünne Scheiben schneiden.
2. Quark, Olivenöl, Salz und Pfeffer zu einer Sauce verrühren, diese über den Salat gießen und alles gut mischen. Salat mit Schnittlauch bestreuen.
(Foto Seite 81: Mitte)

Tomaten mit Mozarella

Für 4 Portionen

6 Tomaten
2 Kugeln Mozzarella
Salz
frisch gemahlener schwarzer Pfeffer
1 Bund Basilikum
Olivenöl
Balsamico Essig

1. Die Tomaten waschen, putzen, in dicke Scheiben schneiden und kreisförmig auf eine große runde Platte legen. Die Mozzarella in dünne Scheiben schneiden und diese auf die Tomatenscheiben legen.
2. Alles mit Salz und Pfeffer würzen und auf jede Mozzarellascheibe ein gewaschenes Basilikumblättchen legen.
3. Olivenöl und Essig gesondert dazu reichen, so daß jeder nach Geschmack damit würzen kann.
(Foto Seite 81: unten)

Knuspriges Partygebäck

Brot und Brötchen dürfen auf kalten Platten und besonders beim kalten Buffet nicht fehlen. Ob Sie deftiges Graubrot, luftiges Baguette, verschiedene Sorten von Brötchen oder Brezeln anbieten, hängt vom Speiseangebot ab, das Sie Ihren Gästen zur „Schlacht" am Buffet anbieten. Natürlich können Sie beim Bäcker problemlos die verschiedensten Brot- und Brötchensorten bekommen, doch wenn Sie etwas Zeit haben, können Sie es ruhig selbst einmal mit dem Backen probieren. Die folgenden Rezepte sind einfach und gelingen auch Ungeübten.

Kräuterhappen

Für 35–40 Stück

250 g Mehl
1 TL Backpulver
250 g Magerquark
200 g Butter oder Margarine
75 g geräucherter Speck
1 kleine Zwiebel
je 1 Bund Petersilie,
Dill und Schnittlauch
weißer Pfeffer, Salz

1. Das Mehl mit dem Backpulver in einer Schüssel mischen und den Quark mit der kleingeschnittenen Butter oder Margarine dazugeben. Alles gut verkneten.
2. Den Schinken in sehr kleine Würfel schneiden, die Zwiebel schälen und fein hacken.
3. Die Kräuter waschen, ausschütteln und fein hakken, den Schnittlauch in Röllchen schneiden.
4. Schinken, Zwiebel und Kräuter mit Salz und Pfeffer unter den Teig arbeiten und diesen 30 Minuten kühl stellen.
5. Danach aus dem Teig mit bemehlten Händen 4 bis 5 cm dicke Rollen formen, davon 2 cm dicke Scheiben abschneiden und zu Kugeln drehen.
6. Die Kugeln auf ein gefettetes Backblech legen und mit den Fingern oben leicht eindrücken.
7. Im vorgeheizten Ofen bei 200 ° C etwa 20 Minuten backen.

Hefecroissants

Für 10 Stück

1 Würfel Hefe (40 g)
100 ml lauwarmes Wasser
500 g feingemahlener Dinkel
60 g weiche Butter oder
Margarine
1 EL Honig
250 g Quark
Salz
etwas zerlassene Butter

1. Die Hefe in dem Wasser auflösen, 4 gehäufte Eßlöffel Dinkelmehl hinzufügen und alles zu einem Vorteig verrühren. Diesen etwa 20 Minuten zugedeckt an einem warmen Ort gehen lassen.
2. Anschließend die Butter oder Margarine, den Honig, den Quark, das Salz und den Vorteig mit dem restlichen Mehl zu einem weichen, geschmeidigen Teig verkneten.
3. Den Teig auf einer bemehlten Arbeitsfläche zu einem etwa ½ Zentimeter dicken Rechteck ausrollen. Mit einem scharfen Messer aus der Teigplatte 12 gleich große Dreiecke ausschneiden und sie von ihrer breiten Seite her zur Spitze hin zu Hörnchen zusammenrollen.
4. Die Croissants mit ausreichend großem Abstand, damit sie später nicht zusammenkleben, auf ein mit Backpapier ausgelegtes Blech legen und nochmals etwa 20 Minuten gehen lassen. Den Backofen auf 180° C vorheizen.
5. Die Hörnchen mit der zerlassenen Butter bestreichen und 20 bis 25 Minuten backen. Ein Gefäß mit heißem Wasser im Backofen macht das Gebäck knuspriger.
(Foto Seite 85: unten)

Brotkorb mit Laugengebäck und Stangenbrot

Für 8 Portionen

1 Roggenbaguette
1 Baguette
1 Baguette mit Walnüssen
oder Zwiebeln
8 kleine Laugenbrezeln
8 kleine Laugenbrötchen

1. Einen flachen Brotkorb mit einer Serviette auslegen.
2. Die Stangenbrotsorten in der Mitte schräg halbieren und je eine Hälfte mit der Schnittfläche nach außen in den Brotkorb legen.
3. Die restlichen Hälften in Scheiben schneiden und diese in 4 Reihen halbkreisförmig, dem Rand des Brotkorbs folgend, anrichten.
4. Auf der linken Seite die Laugenbrezeln und auf der rechten Seite die Laugenbrötchen anrichten.
(Foto Seite 82/83)

Baguette

Für 4 Stück

750 g Weizenmehl
3 TL Salz
½ P. frische Hefe
½ l lauwarmes Wasser
1 Ei

1. Das Mehl in eine große Schüssel sieben, in die Mitte eine Vertiefung drükken und die zerbröckelte Hefe mit dem Salz in die Mulde geben.
2. Etwas warmes Wasser daraufgießen und den Vorteig zugedeckt etwa 10 Minuten ruhen lassen.
3. Danach das restliche Wasser dazugeben und alles zu einem geschmeidigen Teig verarbeiten.
4. Den Teig zu einer Kugel formen, in die Schüssel geben, mit Mehl bestäuben und zugedeckt etwa eine Stunde gehen lassen.
5. Den Teig in 4 Teile teilen und jedes Teil für sich nochmals gut durchkneten. Dann 40 cm lange Rollen daraus drehen, auf ein mit Backpapier belegtes Backblech legen.
6. Die Rollen mit einem Küchentuch zudecken und nochmals 30 Minuten ruhen lassen.
7. Das Ei verquirlen und die Oberfläche der Stangen damit bestreichen. Diese dann mit einem scharfen Messer schräg einschneiden.

8. Die Baguettes im vorgeheizten Ofen bei 220° C etwa 30 Minuten backen. Eine Schale mit kochendem Wasser dazustellen.
(Foto Seite 85: rechts)

Zwiebelbrötchen

Für 15 Stück

200 g Weizenmehl
250 g feingemahlener Dinkel
150 g Roggenmehl
1 Würfel Hefe (40 g)
1 TL Zucker
300 ml lauwarmes Wasser
250 g Zwiebeln
3 EL Sonnenblumenöl
2 TL getrockneter Thymian
1½ TL Salz
1 Eigelb
2 EL Wasser
2 TL Kümmel
2 TL Sesam

1. Die drei Mehlsorten mischen. Die Hefe mit dem Zucker im Wasser auflösen und mit einem Drittel der Mehlmischung zu einem Vorteig verrühren. Diesen gut abgedeckt an einem möglichst warmen Ort etwa 20 Minuten gehen lassen.
2. In der Zwischenzeit die Zwiebeln schälen, fein hacken und in dem Sonnenblumenöl dünsten.
3. Anschließend die Zwiebeln mit dem restlichen Mehl, dem Salz und dem Vorteig zu einem geschmeidigen Teig verkneten.
4. Mit bemehlten Händen aus dem Teig 15 Brötchen formen. Diese mit ausreichend großem Abstand auf ein mit Backpapier ausgelegtes Blech setzen und nochmals etwa 20 Minuten gehen lassen. Den Backofen auf 200° C vorheizen.
5. Zum Schluß das Eigelb mit dem Wasser verquirlen, die Brötchen damit bestreichen und nach Belieben Kümmel oder Sesam darauf streuen. Die Brötchen etwa 20 Minuten backen. Ein Gefäß mit heißem Wasser im Backofen macht das Gebäck knuspriger.
(Foto Seite 85: links)

DER GUTE TIP

Bestellen Sie Brot und Brötchen rechtzeitig beim Bäcker.

Salz- und Mohnstangen

Für 25–30 Stück

150 g Mehl
100 g Kartoffelmehl
2 TL Backpulver
1 TL Salz
30 g Butter oder Margarine
2 Eiweiß
5 EL Milch

Außerdem:

1 Eigelb
grobes Salz
Mohn

1. Mehl, Kartoffelmehl, Backpulver und Salz auf einem Backbrett mischen, die Butter oder Margarine in Flocken daraufgeben und mit einem Pfannenmesser durchhacken. In die Mitte eine Vertiefung drücken.
2. Die Eiweiße mit der Milch leicht verrühren, in die Vertiefung geben und alles rasch verkneten.
3. Den Teig ausrollen und in 1,5 x 15 cm lange Streifen schneiden.
4. Das Eigelb mit wenig Wasser verrühren, die Streifen damit bepinseln und mit Salz und Mohn bestreuen.
5. Die Streifen auf ein mit Backpapier ausgelegtes Blech legen.
6. Im vorgeheizten Ofen bei 200° C etwa 10 Minuten backen.
(Foto Seite 86)

Käsehörnchen

Für 10 Stück

1 P. TK-Blätterteig (300 g)
2 Scheiben Ananas aus der Dose
1 kleine Dose Champignons
100 g gekochter Schinken
100 g geriebener Emmentaler Käse
1 Bund Petersilie
Salz, gemahlener Pfeffer
1 Prise Muskat

Außerdem:
1 Eigelb
grobes Salz
1 EL Kümmel
1 EL Koriander
1 EL Sesam

1. Die Blätterteigscheiben auftauen lassen, auf einer bemehlten Fläche dünn ausrollen und in Quadrate mit jeweils 10 Zentimeter Kantenlänge zerschneiden.
2. Die Ananas abtropfen lassen. Die Ananas in kleine Würfel, die Champignons in feine Scheiben schneiden.
3. Den Schinken klein würfeln und mit dem Emmentaler, der feingehackten Petersilie und den übrigen Zutaten in einer Schüssel vermischen. Mit Salz, Pfeffer und Muskat abschmecken.
4. Die Masse auf die Blätterteigquadrate gleichmäßig verteilen und diese von einer Ecke zur anderen zusammenrollen.
5. Auf ein mit Wasser leicht benetztes Backblech legen.
6. Das Eigelb mit etwas Wasser glattrühren und die Hörnchen damit bestreichen.
7. Mit Salz, Kümmel, Koriander oder Sesam bestreuen und im auf 180° C vorgeheizten Backofen 15 bis 20 Minuten backen.

Käsegebäck

Für 8 Portionen

200 g Butter oder Margarine
200 g geriebener Emmentaler
375 g Mehl
1 TL Backpulver
100 g Sahne
Salz
frisch gemahlener schwarzer Pfeffer

Außerdem:
2 Eigelb
Kümmel
Mohn
grobes Salz
gehackte Pistazien
halbierte Mandeln

1. Die Butter oder Margarine schaumig rühren und den geriebenen Käse unterziehen.
2. Das Mehl und das Backpulver unterrühren und nach und nach die Sahne dazugeben. Mit Salz und Pfeffer würzen.
3. Den Teig etwa 2 Stunden durchkühlen lassen.

4. Nun den Teig etwa 5 mm dünn ausrollen und daraus verschiedene Formen ausstechen oder ausschneiden.
5. Die Eigelbe mit etwas Wasser verquirlen und die ausgestochenen Plätzchen damit bepinseln. Anschließend mit Kümmel, Mohn, grobem Salz, gehackten Pistazien oder halben Mandeln bestreuen.
6. Die Plätzchen auf ein Backblech setzen und bei 230° C im Ofen etwa 5 Minuten ausbacken. Anschließend herausnehmen und abkühlen lassen.
(Foto Seite 87)

Schinkenhörnchen

Für 10–12 Stück

25 g Hefe
150 ml lauwarme Milch
1 TL Zucker
350 g Mehl
Salz
50 g Margarine
1 Ei, 2 Eiweiß
200 g geräucherter Schinken in dünnen Scheiben
150 g Ananas

Außerdem:
2 Eigelb

1. Die Hefe in die Milch bröckeln und mit je einer Prise Zucker und Mehl verrühren. Zugedeckt an einem warmen Ort 10 Minuten gehen lassen.
2. Mehl, Zucker, Salz, Margarine und das Ei in eine Rührschüssel geben, die Hefemilch dazugießen und alles zu einem glatten Teig kneten.
3. Den Teig zu einer Kugel formen und zugedeckt nochmals etwa 30 Minuten gehen lassen.
4. Danach den Teig nochmals durchkneten, etwa 5 cm dick ausrollen und 12 Dreiecke ausradeln.
5. Die Dreiecke mit Eiweiß bepinseln, mit je einer Scheibe Schinken und einigen fein geschnittenen Ananasstücken belegen und zu Hörnchen aufrollen.
6. Nochmals zugedeckt gehen lassen, dann mit Eigelb bestreichen und im vorgeheizten Ofen bei 200° C etwa 20 Minuten backen.
(Foto Seite 89: unten links)

Windbeutel mit Käsefüllung

Für 15–20 Stück

¼ l Wasser
40 g Margarine
Salz
125 g Mehl
2 Eier
2 Ecken Doppelrahm-Schmelzkäse
1 TL Backpulver
3 Ecken Kräuterschmelzkäse
1 hartgekochtes Ei
etwas Sahne
2 TL feingehackte Kräuter (Dill, Petersilie, Kerbel)

1. Das Wasser mit der Margarine und etwas Salz zum Kochen bringen, von der Kochstelle nehmen und das Mehl auf einmal hineinschütten.
2. So lange unter Rühren erhitzen, bis sich der Teig als Kloß vom Topfboden löst.
3. Ein Ei und den Schmelzkäse in den heißen Teig rühren, abkühlen lassen und das zweite Ei mit dem Backpulver unterrühren.
4. Mit 2 Teelöffeln kleine Häufchen auf ein gefettetes, bemehltes Blech geben und im vorgeheizten Ofen bei 225° C etwa 25 Minuten backen. Noch heiß mit einer Schere aufschneiden.
5. Den Kräuterschmelzkäse mit dem gehackten Ei und der Sahne glattrühren und die Kräuter dazugeben.
6. Die ausgekühlten Windbeutel mit dieser Masse füllen.
(Foto Seite 89: unten rechts)

Blätterteigtaler mit Käsecreme

Für 8 Portionen

500 g TK-Blätterteig
150 g Roquefort
200 g Butter oder Margarine
150 g Camembert
Salz, gemahlener Pfeffer
1 TL Paprikapulver
1 EL gehackte Petersilie

Außerdem:
2 Eigelb
etwas Mohn
etwas Sesam
etwas Kümmel

1. Den Blätterteig auftauen lassen.
2. Den Roquefort durch ein Sieb streichen und mit der Hälfte der Butter oder Margarine glattrühren.
3. Den Camembert ebenfalls durch ein Sieb streichen und mit der restlichen Butter glattrühren.
4. Die Camembertmasse halbieren, die eine Hälfte mit Salz, Pfeffer und Paprikapulver würzen. Die andere Hälfte mit der Petersilie, Salz und Pfeffer pikant abschmecken.
5. Den Blätterteig gleichmäßig etwa 5 mm stark ausrollen und mit einem runden Ausstecher von etwa 3 cm Durchmesser kleine Teigplatten ausstechen.
6. Die Eigelbe mit etwas Wasser verquirlen, die Teigplatten damit bepinseln und auf ein Backblech legen. Je ⅓ mit Mohn, Sesam und Kümmel bestreuen.
7. Die Blätterteigplatten etwa 45 Minuten ruhen lassen. Es ist wichtig, diese Ruhezeit einzuhalten, da das Gebäck sonst beim Backen ungleichmäßig aufgeht.
8. Den Blätterteig bei 220° C im Ofen etwa 5 Minuten backen.
9. Nach dem Backen erkalten lassen und die Taler jetzt in der Mitte quer halbieren.
10. Die vorbereiteten Käsecremes mit einer Spritztülle in je eine Talerhälfte spritzen und die Deckel wieder aufsetzen.

Käsewindbeutel

Für 4 Portionen

¼ l Wasser
75 g Margarine
½ TL Salz
175 g Mehl
4 Eier
1 TL Backpulver
2 Ecken Schmelzkäse
50 g geriebener Emmentaler

Außerdem:

1 Eigelb
2 EL geriebener Emmentaler

1. Wasser, Margarine und Salz zum Kochen bringen, von der Kochstelle nehmen und das Mehl auf einmal hineinschütten.
2. Unter ständigem Rühren so lange erhitzen, bis sich der Teig als Kloß vom Topfboden löst.
3. Ein Ei unter die heiße Masse rühren, dann den in Stücke geschnittenen Schmelzkäse und den Emmentaler nacheinander unterrühren.
4. Die restlichen Eier einzeln unterrühren, das Backpulver dazugeben und den Teig abkühlen lassen.
5. Den Teig in einen Spritzbeutel mit glatter Tülle füllen. Mittelgroße Häufchen auf ein gefettetes und mit Mehl bestäubtes Backblech spritzen.
6. Das Eigelb mit etwas Wasser verrühren, die Häufchen damit bestreichen und den Käse darüberstreuen.
7. Im vorgeheizten Ofen bei 225° C etwa 25 Minuten backen.
(Foto Seite 89: oben)

Avocadocreme

2 Blätter weiße Gelatine
1 Avocado
1 TL Zitronensaft
1 EL Sherry
1 TL Walnußöl
6–8 EL geschlagene Sahne
etwas feingeriebener
Meerrettich
Salz
Pfeffer

1. Die Gelatineblätter etwa 10 Minuten in kaltem Wasser quellen lassen. Inzwischen die Avocado halbieren, schälen und den Kern entfernen. Das Fruchtfleisch würfeln und pürieren.
2. Die Gelatine ausdrücken, in 2 Eßlöffel heißem Wasser auflösen. Durch ein Sieb zum Avocadopüree geben.
3. Den Zitronensaft, den Sherry und das Öl darunterrühren. Dann die Sahne darunterziehen und die Creme mit Meerrettich sowie mit Salz und Pfeffer abschmecken.

Desserts

Was ist schon ein festliches Essen ohne Dessert? Auf diese süße Abrundung einer Mahlzeit möchte wohl kaum einer verzichten. Für Platten eignen sich alle Arten von Früchten, sowohl roh als auch gekocht. Obstplatten können im Sommer auch eine willkommene Erfrischung für zwischendurch sein. Bereiten Sie die Früchte für die Platte aber so vor, daß sie ohne Probleme gegessen werden können. Früchte, die leicht braun werden, wie Bananen, Birnen oder Äpfel, sollten vor dem Anrichten mit Zitronensaft bepinselt werden, damit sie appetitlich aussehen. Außer Früchten eignen sich auch Cremes, Gelees oder Quarkspeisen, die nach der Zubereitung in Portionsschälchen gefüllt und hübsch dekoriert werden, für süße Platten.

Erdbeertörtchen mit grünem Pfeffer

Für 6 Stück

6 Mürbeteigtörtchen (Fertigprodukt)
3 EL Orangengelee
3 EL Orangenlikör
300 g frische Erdbeeren
4 EL Zucker
1 Tasse Orangensaft
3 EL Erdbeersirup
3 TL grüne Pfefferkörner
2 EL Vanillezucker
3 Blatt weiße Gelatine
100 g Sahne
1 EL Sahnestandmittel
Zucker nach Geschmack
6 EL Pistazien

1. Die Mürbeteigtörtchen auf einer Arbeitsfläche bereitstellen.
2. Das Orangengelee mit dem Orangenlikör glattrühren und die Törtchen damit einstreichen.
3. Die Erdbeeren putzen, waschen, gut abtropfen lassen und in die Törtchen füllen.
4. Den Zucker mit dem Orangensaft, dem Erdbeersirup, den Pfefferkörnern und dem Vanillezucker in einem Topf erhitzen.
5. Die in kaltem Wasser eingeweichte und ausgedrückte Gelatine darin auflösen.
6. Die Erdbeertörtchen damit begießen und im Kühlschrank erstarren lassen.
7. In der Zwischenzeit die Sahne mit dem Sahnestandmittel steif schlagen, mit Zucker – je nach Geschmack – süßen.
8. Den Rand der Törtchen mit gehackten Pistazien bestreuen und mit der Sahne servieren.
(Foto Seite 90/91 unten)

Erdbeersorbet

Für 4 Portionen

600 g Erdbeeren
150 g Zucker
2 EL Zitronensaft

1. Die Beeren entstielen, waschen und mit dem Zucker und dem Zitronensaft im Mixer fein pürieren. Das Fruchtmark durch ein feines Sieb streichen, damit die Kerne zurückbleiben.
2. Das Püree in einer Eismaschine oder einer Sorbetière in 1 bis 1½ Stunden gefrieren lassen. Ist keine Eismaschine vorhanden, das Püree in eine Schüssel geben und im Tiefkühlgerät gefrieren lassen. Dabei alle 10 Minuten anfangs mit einem Schneebesen, dann mit einer Gabel das Sorbet durchrühren, damit sich keine großen Eiskristalle bilden.
3. Das Sorbet 10 Minuten vor dem Servieren aus dem Tiefkühlgerät nehmen. Einen Spritzbeutel mit einer Sterntülle am oberen Rand etwas umschlagen, den Beutel zur Hälfte mit Sorbet füllen und es in hohe Sektgläser spritzen.
(Foto Seite 92)

Orangendessert

Für 4–6 Portionen

4 große Orangen
4 EL Butter oder Margarine
4 EL Zucker
¼ l Weißwein
⅛ l Orangenlikör
4 EL Pistazien
4 EL Pinienkerne
1 P. Vanillezucker
1 Msp. Anis
einige Zweige Pfefferminze

1. Die Orangen schälen, dabei auch die weiße Haut entfernen, dann die Orangen in Scheiben schneiden.
2. Die Butter oder Margarine in einer Pfanne erhitzen und den Zucker darin karamelisieren.
3. Den Weißwein mit dem Zucker aufkochen.
4. Die Orangenscheiben dazugeben, mit Orangenlikör beträufeln.
5. Das Ganze einmal aufkochen und dann abkühlen lassen.
6. Die Orangenscheiben in Portionsschälchen oder auf einer tiefen Platte anrichten. Mit der Flüssigkeit beträufeln und mit Pistazien und Pinienkernen bestreuen. Mit Vanillezucker und Anis aromatisieren und mit Pfefferminzzweigen garnieren.
(Foto Seite 90/91: oben)

Gefüllte Melone mit Erdbeeren und Frischkäse

Für 4 Portionen

2 kleine Melonen
200 g Erdbeeren
200 g Doppelrahm-Frischkäse
4 EL Puderzucker
Saft von 2 Limonen
4 EL geschlagene süße Sahne
etwas Zitronenmelisse

1. Die Melonen halbieren, Kugeln herausstechen. Die Erdbeeren waschen, putzen und vierteln.
2. Den Frischkäse mit dem Puderzucker und dem Limonensaft verrühren, die Sahne darunterheben. Die Masse mit einem Spritzbeutel in die Melonenhälften spritzen.
3. Melonenkugeln, Erdbeeren und Zitronenmelisse auf der Käsecreme anrichten.
(Foto Seite 93)

Birnenhälften mit Käsecreme

Für 8 Stück

4 reife Birnen

Creme:
3 Eier, 100 g Zucker
200 g Doppelrahm-Frischkäse
250 g Waldbeeren (frisch oder tiefgekühlt)

1. Die Birnen waschen, halbieren und das Kerngehäuse entfernen.
2. Die Eier trennen. Die Eigelbe mit dem Zucker schaumig rühren. Die Eiweiße schlagen.
3. Den Frischkäse unter die Eigelb-Zucker-Mischung rühren und den Eischnee vorsichtig darunterziehen. Die frischen Waldbeeren putzen und waschen, die Tiefkühlware nur auftauen und abtropfen lassen. Die Käsecreme in die Birnenhälften spritzen und mit den Waldbeeren garnieren.
(Foto Seite 94)

Bunte Obstplatte mit Himbeercreme

Für 4 Portionen

2 Orangen
1 großer Apfel
Saft von 1 Zitrone
3 Kiwis
4 Pfirsichhälften aus dem Glas
2 Birnenhälften aus dem Glas
150 g Erdbeeren

Außerdem:
100 g Doppelrahm-Frischkäse
2 cl Weinbrand
1 P. Vanillezucker
2 EL Preiselbeerkompott
Weintrauben
Walnußkerne

Himbeercreme:
2 Becher Sahnejoghurt
1 EL Zitronensaft
100 g Himbeeren
1 Gläschen Orangenlikör
3 EL Zucker

1. Die Orangen sternförmig halbieren und das Fruchtfleisch mit einem scharfen Messer am Rand lösen.
2. Den Apfel waschen, vierteln, das Kerngehäuse entfernen und die Apfelviertel mit Zitronensaft beträufeln.
3. Die Kiwis ebenfalls sternförmig halbieren.
4. Die Pfirsichhälften abtropfen lassen und nochmals längs halbieren, die Birnenhälften ebenfalls abtropfen lassen.
5. Die Erdbeeren waschen, die Stielenden entfernen.
6. Die verschiedenen Früchte auf einer Platte anrichten.
7. Den Frischkäse mit dem Weinbrand und dem Vanillezucker verrühren und auf die Kiwis und Apfelviertel spritzen. Das Preiselbeerkompott daraufsetzen.
8. Die Platte mit den Weintrauben und Walnüssen garnieren.
9. Den Sahnejoghurt mit dem Zitronensaft, den pürierten Himbeeren, dem Orangenlikör und dem Zucker verrühren und in eine Schüssel füllen. Zusammen mit der Obstplatte servieren.
(Foto Seite 95)

Pastetchen mit Mascarponefüllung

Für 8 Stück

250 g Mascarpone
½ Tasse Weißwein
Saft von 1 Zitrone
Saft von 1 Orange
100 g gehobelte Mandeln
2 EL Zucker
1 P. Vanillezucker
4 cl Orangenlikör
1 kleines Glas Maraschinokirschen
3 Blatt Gelatine
8 Blätterteigpastetchen

Außerdem:
1 Tasse Apfelmus
4 EL Preiselbeeren
½ Becher Sahne
½ Päckchen Sahnesteif
40 g gehackte Mandeln

1. Den Mascarpone in eine Schüssel geben und mit dem Weißwein, dem Zitronensaft und dem Orangensaft glattrühren.
2. Die Mandeln mit dem Zucker, dem Vanillezucker, dem Orangenlikör und den halbierten Kirschen unter die Quarkmasse rühren.
3. Die Gelatine in kaltem Wasser einweichen und ausdrücken. Den Weißwein leicht erhitzen und die Gelatine darin auflösen. Tropfenweise unter die Mascarponemasse rühren.
4. Wenn die Masse anfängt, steif zu werden, in die Blätterteigpastetchen füllen und im Kühlschrank erkalten lassen.
5. Das Apfelmus mit den Preiselbeeren glattrühren und die steif geschlagene Sahne unterheben.
6. Über den Mandelquark geben und mit Mandeln bestreuen.

Rezeptverzeichnis